JN103866

Computer and Web Sciences Library

Webで知る

Web情報検索入門

角谷 和俊 著

サイエンス社

編者まえがき

　文部科学省は 2020 年度に小学校においてもプログラミング教育を導入するとしました．これは，これからの社会を生き抜くためには，すべての国民がコンピュータと Web に関して，一定の「リテラシ」を身に付けておかねばならないという認識の表れと理解します．この Computer and Web Sciences Library 全 8 巻はそれに資するために編纂されました．小学校の教職員や保護者を第一義の読者層と想定していますが，この分野のことを少しでも知っておきたいと思っている全ての方々を念頭においています．

　本 Library はコンピュータに関して 5 巻，Web に関して 3 巻からなります．執筆者にはそれぞれの分野に精通している高等教育機関の教育・研究の第一人者を充てました．啓蒙書であるからこそ，その執筆にあたり，培われた高度の識見が必要不可欠と考えるからです．

　また，本 Library を編纂するにあたっては，国立大学法人お茶の水女子大学附属小学校（池田全之校長）の協力を得ました．これは同校とお茶の水女子大学の連携研究事業の一つと位置付けられます．神戸佳子副校長を筆頭に，同校の先生方が，初等教育の現場で遭遇している諸問題を生の声としてお聞かせ下さったことに加えて，執筆者が何とか書き上げた一次原稿を丁寧に閲読し，数々の貴重なご意見を披露して下さいました．深く謝意を表します．

　本 Library が一人でも多くの方々に受け入れられることを，切に願って止みません．

2018 年秋

お茶の水女子大学名誉教授

工学博士　増永良文

まえがき

ネットワーク・インフラの整備やスマートフォンなどの携帯端末の普及によって，私達はより手軽に Web を利用できるようになりました．調べ物をしたり，情報を得る際の最も身近な情報源として，今や Web は私達にとって必要不可欠なものであると言えるでしょう．ところで，このように便利な Web のシステムやサービスですが，その仕組みについて考えてみたことはありますか？

検索エンジンは膨大な Web ページの中から役に立つ情報を効率的に探し出して表示してくれます．また，ショッピングサイトや音楽・映画のサイトでは，自分が知らなかった曲や映画を推薦してくれます．自分に推薦されたものから，さらに興味が広がったという経験がある方も多いと思います．このように Web を利用した際に，適切な情報が結果として得られる場合もあれば，逆になぜこのような情報が出てくるのかと疑問に思う場合もあるかと思います．

本書では，Web 検索エンジンや情報推薦システムなどの仕組みについて，どのような考え方や方針によって構築されているのかを理解することを目的としています．直観的な理解を図るため，本来の数式を大幅に単純化して，簡単な例を用いて内部の仕組みを理解するという説明の仕方をとっています．簡単な例を実際に計算してみることで，Web 内部で行われている目に見えない動きが実感として理解できると思います．

Web のデータは大規模で複雑なデータですので，実際には対数関数や三角関数を用いた計算が必要となりますが，本書で用いる例は「世の中に Web ページが 10 ページ程度しか存在しない場合」

や「ショッピングサイトで扱う全商品が数個で，全ユーザ数が数名のみの場合」など非常に単純化した例を用いて，足し算や掛け算などの四則演算のみで計算できますのでご安心ください．また，直観的に理解できる図や表を用意していますので，図や表についても自分で描いてみることをお勧めします．さらに，本書で用いられている例の数値や条件を少し変更し，図や表を作成して自身で計算することができるようになれば，さらに理解を深めることができるでしょう．

　本書は Web に関する基本的な考え方や仕組みについて解説した入門書です．一般の方々はもちろんのこと，小中高生へのリテラシ教育，および大学の学部低学年の入門科目や文系学部・大学院の専門基礎科目の講義などでも使用することが可能です．また，小中高校の教職員や保護者が生徒に Web との接し方を教える際に，使い方のみならず内部の仕組みや働きを理解するための参考資料として利用いただくことも可能です．

　本書により，複雑であると思っていた Web の仕組みがじつは実社会での人間の思考を基にした比較的単純な考え方で構築されていることを理解頂き，可能性と限界を把握した上で適切に Web を活用されることを願っています．また，このような分野に少しでも興味を持っていただく機会となれば幸いです．

2020 年 3 月吉日

角谷和俊

目　　次

第 1 章　Web で情報を得る　　　　　　　　　　　　1

1.1 情 報 の 検 索 2

1.2 情 報 の 推 薦 4

1.3 Web と 社 会 6

第 2 章　Web情報検索　　　　　　　　　　　　　9

2.1 検索エンジン 9

2.2 検索キーワード 10

2.3 検索結果の表示 15

2.4 検索オプション 17

第 3 章　検索エンジンの仕組み　　　　　　　　21

3.1 Web 検索システム 21

3.2 Web ページの収集 23

3.3 インデックス作成 24

　　3.3.1 インデックスとは 24

　　3.3.2 インデックスのデータ構造 25

3.4 Web ページの検索 28

　　3.4.1 検 索 モ デ ル 28

　　3.4.2 ブーリアンモデル 28

　　3.4.3 ベクトル空間モデル 29

　　3.4.4 TF-iDF 32

3.5 Web ページのランキング 37

3.5.1 リンク解析を用いたランキング 37

3.5.2 PageRank 38

3.5.3 HITS 44

第4章　情報検索システムの評価　　　　　　　48

4.1 情報検索の性能評価 48

4.2 情報検索の評価尺度 49

4.2.1 適合率と再現率 49

4.2.2 F　　値 53

4.3 ランキングの評価 54

4.3.1 平 均 逆 順 位 54

4.3.2 nDCG 56

4.4 オンライン評価 63

第5章　情報推薦システムと情報配信　　　　　　65

5.1 情報推薦とは 65

5.2 内容ベース推薦 67

5.2.1 ユーザプロファイル 67

5.2.2 内容ベースフィルタリング 67

5.3 協 調 型 推 薦 68

5.3.1 協調フィルタリングによる推薦 68

5.3.2 協調フィルタリングの仕組み 69

5.3.3 評 価 の 予 測 72

5.4 情報配信サービス 76

5.4.1 プッシュ型情報配信サービス 76

5.4.2 情報配信の分類 79

5.4.3 情報配信の種類 81

第6章　Web 検索と社会　84

6.1 検索キーワード分析............................ 84

6.2 Web アーカイブ 90

6.3 Web 情報の信頼性............................ 92

あとがき　96

参考文献　99

索　　引　101

サイエンス社のホームページのご案内

https://www.saiensu.co.jp

ご意見・ご要望は　rikei@saiensu.co.jp　まで.

1 Webで情報を得る

　皆さんは日常生活において調べ物をしたり，疑問点を解消する際にどのような方法や手段で情報を得るでしょうか？　本や辞書で調べることも可能ですが，手軽に情報を得る方法として **Web (World Wide Web)** を用いることが一般的になっており，Web検索をしない日はないという人も多いのではないでしょうか．Webはパソコンやスマートフォンから簡単にアクセスすることが可能であり，大量の情報を効率的に取得することが可能です．Webには様々な情報が存在しており，ニュース，オンラインショッピング，動画配信のように情報を取得したり，社会的なつながりを提供する **SNS (ソーシャルネットワーキングサービス)** により自ら発信するなど，情報を扱うための重要なインフラとなっています．

　Web で最も多く使用されているアプリの 1 つは，グーグル (Google) などの**検索エンジン (search engine)** です．検索エンジンにキーワードを入力すると検索結果として Web ページのリストが表示され，そのリストをクリックすると Web ページが表示されます．Web は情報を取得するだけでなく，自ら情報を発信することも容易にできます．

　本書では，Web からの情報検索や知識取得に焦点をあてて，その仕組みをできるだけ簡単に説明します．日頃から使用している

Web 検索エンジンの検索結果の出力順や，オンラインショッピングサイトのお薦め商品の提示方法など，何気なく目にしているシステムやサービスの方式を解説します．当たり前だと思っていることを原点に戻って，なぜそんなことができるのか，なぜそうなっているのかという視点で考えてみてください．

1.1　情 報 の 検 索

　検索エンジンは，膨大な数の Web ページからどのように必要な Web ページを探しているのでしょうか？　皆さんが検索エンジンにキーワードを入力すると，それが含まれたページが検索結果として一瞬でリスト表示されます．検索エンジンはすべてのページを超短時間でチェックして，キーワードが含まれるか含まれないかを判断しているのでしょうか？　これはどう考えても，その場で（リアルタイムに）探しているのではないことに気付くと思います．検索エンジンはあらかじめすべての Web ページを収集し，どのキーワードがどのページに含まれているかという，本の索引のような**インデックス**と呼ばれる表形式のデータを用いることにより効率的に Web ページを探しています．

　さらに，検索エンジンは探し出したページを，適合する（重要な）ページから順に検索結果として表示します．検索キーワードに適合したページが何十万，何百万ページあったとしても，利用者が必要であると考えるページは上位数十件の中に入っていることがほとんどです．検索エンジンはページを探すものなので当たり前だと思われるかもしれませんが，数多くのページから適合するページを適切

に抽出できるなんてスゴイと思いませんか？　例えば,「阪神タイガース」というキーワードを入力すると, 球団の公式サイト, 阪神甲子園球場のチケットサイト, 球団ファンクラブのページが抽出され, リスト表示されるわけです. ところで, 検索エンジンの検索結果で上位に表示されるページはどのように抽出されているか考えたことはありますか？

　上記の質問を言い換えると「適合する（重要な）ページの判断基準は何か」ということです. これについて, 私が担当する講義科目で学生に質問したところ, 以下のような意見が出ました. アクセス数が多いページ, 公式団体が作成したページ, 検索キーワードが多く含まれているページ, 更新頻度が高いページ, および画像が多いページなどです. 一見どれも合っているように思うかもしれませんが, じつはこれらをメインに判断しているのではありません. 適合するページ, すなわち重要度の高いページは, そのページへの他ページからのリンクと, そのページから他ページへのリンクのリンク関係によって計算されています. この計算は「多くの重要なページからリンクされているページは, 重要なページである」という考えに基づいています. 球団情報の検索の例で考えてみると, 球団公式サイトや球場のサイトは, チケットサイトやニュースサイト, あるいは交通機関などの重要なページからリンクされていますし, 逆にそれらのページへのリンクも含んでいます. すなわち, ページ間の相互の関係によってページの価値が決まり, この値によってページが**順位付け（ランキング）**されます.

　実際の検索エンジンでは, リンク関係によるページ価値の計算だけではなく様々な観点による総合判断で決定されています. 各検索

エンジンは具体的な計算方法を公開していませんので，正確な計算方法は分かりませんが，どの検索エンジンを用いてもほとんど同じような検索結果が得られることが確認できると思います．もちろん，検索結果は完全には一致しませんので，その差異が各検索エンジンの性能と考えることができます．

　検索エンジンにも性能の差があると書きましたが，その性能はどのように判定するのでしょうか？　順位付けされた検索結果を評価するために，様々な尺度があります．例えば，検索結果の中でどれくらいのページが適合したページであるか，あるいは検索結果の中に本来検索されるべきページがどれくらい含まれているのかなどの尺度です．また，価値の高いページができるだけ上位にくるような順位になっているかどうかや，適合するページがどれくらい上位に出てくるかなどのランキングに基づく尺度もあります．このような様々な尺度を用いて検索システムの評価を行うことが可能です．

1.2　情報の推薦

　本や楽曲あるいは食品や電子機器などあらゆる商品（アイテム）を扱う**オンラインショッピングサイト**を利用したことはあるでしょうか？　例えば，Amazon，楽天，アリババなどのサイトです．最近はこれらのサイトやサービスで扱っていないアイテムはないと言われるほどの品揃えで生活に密着したサービスを提供しています．これらのサイトを使用している時に，「この○○を買った人は△△や□□も買っています」というフレーズを見たことはないでしょうか？　このようにサービス側から自動的に情報を提供したり推薦し

たりするシステムのことを**情報推薦システム**と呼びます．このような アイテム推薦が役に立ったことはありますか？　これについても 担当講義科目の学生に聞いてみると，役に立った場合と役に立たな かった場合があったとのことでした．ユーザ自身の嗜好（しこう）とは全く異 なるアイテムを推薦された時でも意外と良かったという場合や，既 に持っている書籍の別の巻を推薦されたがそもそも購入予定だった のであまり役に立たなかった場合もあったとのことでした．これら のシステムはどのようにアイテムを推薦しているのでしょうか？

　購買履歴などのアイテムに対する評価を基に，似ているアイテム を推薦している場合もありますが，これらの履歴とはかなり傾向の 異なるアイテムも推薦されることがあります．情報推薦システム は，他のユーザのアイテムに対する評価などの履歴を基にアイテム を推薦する**協調フィルタリング**と呼ばれる手法が使われています． これはサイズや値段，あるいは色やデザイン・内容などのアイテム そのものの特性に基づく推薦ではなく，そのユーザと同じような購 買履歴を持つユーザの評価を用いてアイテムを推薦するという方法 です♠1．すなわち，あるユーザと（評価が）似ているユーザを探し て，そのユーザが購入したアイテムの中で当該ユーザが未購入のア イテムを推薦するというものです．このため，そのユーザの嗜好と は全く異なるアイテムが推薦されることもあるわけです．

　これまでに述べた情報推薦は，オンラインショッピングなどでお 薦めの商品などを提示する情報推薦システムが付帯している場合を 想定していました．じつはこれ以外にも情報推薦が日々のサービス の中に組み入れられている場合があります．スマートフォンの天気

♠1アイテムの特性に基づく推薦は**内容ベースフィルタリング**と呼ばれます．

予報や株価情報，ニュースや交通情報などのアプリでは，ユーザが
そのアプリを用いて検索したり予約したりしなくても，自動的に情
報を提示してくれる機能があります．例えば，現在地における気象
に関して，注意報や警報が出た場合や雨量がある値を超えた場合な
どにアラート（通知）を表示するなどの機能です．また，電車の運
行状況で遅れや運転取りやめなどが出た場合にユーザにリアルタイ
ムに知らせる機能です．これらの推薦は対象の条件によって情報を
推薦しているため，内容ベースフィルタリングの一種であると考え
られます．しかし，ユーザの明示的な検索などの行動によって情報
が推薦されるのではなく，自動的に情報配信されます．このような
サービスは**情報配信サービス**，あるいはその仕組みを実現するシス
テムは**情報配信システム**と呼ばれます．このような情報配信のサー
ビスやシステムは日常の様々な場面で利用されています．

1.3　Web と 社 会

　Web は社会生活と密接に関係しています．例えば，検索エンジ
ンへの入力キーワードや SNS への書き込みは，その時々の人々の
関心や興味を反映していると考えられます．これらを分析すること
で社会の動きを捉えることが可能です．検索エンジンへの入力キー
ワードの分析により，参議院や衆議院などの国会議員の選挙での投
票数をかなり精度が高く予測できるという報告もあります．また，
人々の SNS への書き込みによって交通機関の運行状況をリアルタ
イムに取得するサービスもあります．もちろんプライバシーの問題
があるので個人を特定して検索履歴などを抽出することは適切では

ありませんが，匿名性を保持しつつ分析を行うことで有益な情報を得ることは人々にとっても意義があることです．

　検索エンジンの入力キーワードの履歴については，一般の人々も使用可能なサービスとして提供されています．例えば，Google トレンドと呼ばれるツールは，検索エンジンへの入力キーワードの検索回数，検索した時間・時期・場所などを整理して表示することが可能です．これにより，どのようなキーワードが年間を通してどの季節に多いのかや，あるキーワードとあるキーワードの検索傾向が似ているなどの分析を行うことが可能です．

　ところで，急激に増加する Web ページですが，もちろん削除されてしまうページもたくさんあります．このように消えてしまった Web ページにアクセスしたいと思ったことはないでしょうか？ じつは，削除されたり変更されたページにアクセスする方法があります．すべての Web ページをアーカイブ（保存）しておいて，「この年月日のこのページ」と指定することで過去のページを取り出すことができるサービスがあります．代表的なものは，インターネットアーカイブの Wayback Machine です．このサービスは一般に公開されており，誰でも使用することが可能です．

　一方，Web における情報の信頼性についても考える必要があります．Web では手軽に情報を発信したり，取得することが可能ですが，情報を利用する際にはその信頼性について充分に検証することが必要です．どのような Web 情報が信頼性が高いと言えるでしょうか？ これについては，ある情報にどれくらいの信用性があるのか，あるいは専門性があるかなどの尺度を基に，その情報やその発信者の信頼性を検証する手法が心理学者，社会科学者，情報科学者

などにより検討されています.

　さらに, Web の社会性という意味では, **ソーシャルメディア協調型 Web サービス**についても考える必要があります. 検索エンジンや情報推薦システムに加えて, インターネット掲示板, 口コミサイト, ブログ (blog), Wikipedia などの共同編集型百科事典, ソーシャルブックマーク, 画像・動画共有サービス, Twitter などのマイクロブログ, Web コンテンツを特定の観点から収集したキュレーションメディアなどがあります. このようなシステムやサービスは人を介した情報取得という意味で社会的な活動であると考えられ, 社会における情報流通として日常生活において重要な役割を持っています. これらについては本ライブラリの第 8 巻で, それぞれの変遷や位置付けについて詳しく解説されていますので参照してください. 本書では, 検索エンジンと情報推薦システムに注力して説明することにします.

2 Web情報検索

2.1 検索エンジン

　Webで情報を探すために用いられるのは検索エンジンです．検索エンジンは一般的に文書（テキスト）を探すために使用されますが，他にも，画像，動画，ニュース，あるいは位置情報や経路などの検索のためにも用いられます．どのような種類の情報を探すのかは，検索エンジンのトップページなどで指定することが可能です．検索対象の種別により，画像検索エンジンや動画検索エンジンなどと呼ばれることもあります．

　検索エンジンにはいつくかのタイプがあります．キーワードを入力して検索するタイプのものは**ロボット型検索エンジン**と呼ばれています．Webページを自動的に収集し蓄積しておき，入力されたキーワードとマッチしたページを順位付けして検索結果としてリスト表示します．自動的にWebページを収集することから，ロボット型と呼ばれています．

　一方，人手でWeb情報の索引を作成してカテゴリに分類して表示する検索エンジンは**ディレクトリ型検索エンジン**と呼ばれています．Webページへのリンク情報をグルメ，観光，あるいはスポーツなどのカテゴリごとに分類してリンク集として表示するもので

す．各カテゴリは，さらに細分化されたサブカテゴリに分けられる
など，階層構造化されて整理されています．このタイプの検索エン
ジンは，以前はよく使用されていましたが，人手で更新しなければ
ならないため新しい情報がすぐに反映されないことなどの欠点があ
り，現在の検索エンジンのほとんどはロボット型検索エンジンに
なっています[1]．

2.2 検索キーワード

　検索エンジンで情報を探すためには，**単語（キーワード）**を検索
ボックスに入力し，適合する Web ページへのリンクである検索結
果のうち，いずれかを選択して Web ページを閲覧することで情報
を取得します．例えば，「猫」というキーワードを入力した場合は，
猫の飼い方，猫の種類，あるいは猫の習性など，猫に関する様々な
情報を取得することができます．また，ほとんどの検索エンジンで
は，テキストに加えて画像，動画，ニュースなどの情報も同時に検
索結果として表示されます．デフォルト（標準設定）では，すべて
の種類の情報が表示されますが，情報の種類を限定して表示させる
ことも可能です．例えば，画像だけを表示するためには，「画像」を
指定することで，三毛猫や黒猫，あるいは茶トラなどいろいろな種
類の猫の画像が表示されます．同様に，「ニュース」を指定すれば
猫に関するニュース記事が表示されます．

　検索ボックスには 1 つだけキーワードを入力することもありま
すし，同時にいくつかのキーワードを入力する場合もあるかと思い

---

[1] 次節以降は，ロボット型検索エンジンについてのみ扱います．

ます．これはどのような意味を持つのかを考えてみましょう．例えば，「犬 猫」と入力した場合は，どのような検索結果として返されるでしょうか．この場合は，「犬」と「猫」が両方とも含まれるページが結果として表示されます．すなわち，「犬 AND 猫」（犬と猫のどちらも満たす）という意味で解釈されて，犬と猫が両方同時に記述されているページが結果として返されます．画像検索であれば，犬と猫が同時に掲載された画像が検索結果（図 2.1 参照）として表示されます♠2.

このように，普段我々はいくつかのキーワードを検索ボックスに「単語$_1$ 単語$_2$」と入力していますが，検索エンジンはこれを **AND (アンド) 検索**と解釈しているわけです．AND 検索は，すべての条件を満たすものを答えとして返すので，この場合は犬と猫の両方が写った写真やイラストを答えとして返します．

犬　猫

図 2.1 「犬 AND 猫」

♠2本節では，画像検索エンジンの出力結果を例として用います．

　一方，犬か猫のどちらか，あるいは両方掲載された画像が欲しい場合はどうすればよいのでしょうか．この場合は，「犬 ｜ 猫」と入力すれば「犬 OR 猫」（犬か猫のどちらか，あるいは両方）という意味で解釈されて，犬，猫，あるいは両方が写った画像が結果として返されます（図 2.2 参照）．これを **OR（オア）検索**[3] と呼びます．

$$\boxed{\text{犬 \quad OR \quad 猫}}$$

　このように AND, OR のような論理演算子を用いて検索キーワードを指定すれば，その検索キーワードにマッチする検索結果を得ることができます．逆に言えば，マッチしないものは検索結果には含まれないことになり，検索対象である Web ページを，検索キーワードにマッチする・マッチしないという 2 通りに分類できることになります[4]．

図 2.2　「犬 OR 猫」

---

[3] OR 検索の指定は，使用する検索エンジンにより異なります．記号 "｜" を用いることもあれば，"OR" と記述する場合もあります．

[4] このような検索モデルをブーリアンモデルと呼びます．詳しくは 3.4.2 項参照．

AND 検索では，キーワードを増やすほど条件を絞り込んで検索していることになります．キーワードを追加しているので検索範囲を拡げているように思うかもしれませんが，じつは狭めていることに注意してください．一方，OR 検索では，キーワードを増やすほど検索範囲を拡げていることになります．同じような情報を一挙に検索する際に OR 検索を用いると効果的です．

論理演算には，指定するものを含まないという意味の **NOT (ノット) 検索** もあります．例えば，プレゼント用に手袋を探している場合を考えてみましょう．手袋の素材にもいろいろな種類がありますが，毛糸，綿，革などの中で革製品ではないものを探したい場合，「手袋 -革」と入力すれば，革以外の毛糸や綿の手袋の画像を得ることができます．

> 手袋 -革

ここでは 2 つのキーワードについて説明しましたが，それ以上のキーワードについても同様に論理組み合わせを用いることで，探したい情報にマッチする検索を指定することが可能になります．例えば，神戸・大阪・京都の美術館を探したい場合には，以下のようにAND 検索と OR 検索を組み合わせます．

> 美術館 (神戸 OR 大阪 OR 京都)

地名である神戸，大阪，京都は OR で結合されており，これらの地名と美術館は AND で結合されています．また，括弧を用いることで論理演算子のまとまりを指定しています．

━━━━ コラム ━━━━

「玉子焼き」と「たこ焼き」

　もう 1 つ，論理演算の例を考えてみましょう．以下の例は，「玉子焼き」と「たこ焼き」を OR 検索するものです．

玉子焼き OR たこ焼き

　画像検索エンジンで検索してみると，だし巻き卵などの卵を薄く焼いて巻いた厚焼き卵と，小麦粉生地にタコを入れて球状に焼いてソースや青のりが掛かった大阪風のたこ焼きの画像が表示されます（左側）．ここで，「玉子焼き」を「玉子焼き 明石」に変更するとどうなるでしょうか？

(玉子焼き 明石) OR たこ焼き

　たこ焼きの検索結果はそのままですが，「玉子焼き 明石」に相当する部分は球状のたこ焼きによく似たものに入れ替わっていることに気付きます（右側）．これは，大阪風のたこ焼きではなく，兵庫県明石市でよく見かける卵をたっぷりと入れた生地を焼いて，だし汁につけて食べる「明石焼き」です．明石ではこれを「玉子焼き」と呼ぶのです．したがって，明石で言うところの玉子焼きを指定する場合は，「玉子焼き 明石」という AND 検索にする必要があるわけです．

図 2.3　「玉子焼き OR たこ焼き」（左側）v.s.
　　　　　「(玉子焼き 明石) OR たこ焼き」（右側）

2.3 検索結果の表示

検索するための単語（キーワード）を用いて，知りたい情報が記述されているページを検索結果として得た際に，上位のいくつかのページをクリックし，そのページに調べたいものがあるかどうかを確認するのではないでしょうか．この時，検索結果としてリストアップされたページには入力した単語が含まれています．

図 2.4 は検索エンジンの検索結果の例を示しています．それぞれのページについて，タイトルと 100 文字程度の紹介文が記載されています．クリックしてページを開く前に，タイトルと紹介文を見

図 2.4 検索エンジンの検索結果の例

ておくことで，ある程度の内容を把握することができます．この紹介文は各ページの抜粋であり，これを**スニペット (snippet)** と呼びます．スニペットでは入力キーワードの前後の文章が表示されており，どのような文脈でそのキーワードが用いられているかが分かるため，ユーザが本当に検索したい情報かどうかを事前に確認することが可能です．このキーワードの前後の文章を含めた文脈を抜粋して表示する方法を **KWIC (KeyWord In Context) 方式**と呼びます．文脈を理解することによって，同じキーワードでも異なる意味がある場合などに役に立ちます．例えば，「阪神」というキーワードは，鉄道会社，プロ野球チーム，高速道路，百貨店などの意味で使用されることがありますが，タイトルとスニペットを見れば前後の文脈からそのページの内容を確認することが可能です．

　検索結果のページには上記の他にもいくつかの記述があります．ページタイトル近辺に**キャッシュ (cache)** というボタンやリンクを見たことがあるでしょうか？　キャッシュというのは聞き慣れない言葉かもしれませんが，コンピュータ用語としての一般的な意味は，「一時的な記憶や複製されたデータ」のことです．Web ページの一時的な記憶や複製されたデータとはどういう意味を持つかを考えてみましょう．これには検索エンジンがどのような仕組みで動作しているのかを知る必要があります．詳しくは 3 章で述べることにして，ここでは大まかな説明をすることにします．まず，検索エンジンにキーワードを入力して適合するページがリストとして表示される際に，検索エンジンは何を行っているのかを考えてみましょう．キーワードが入力された瞬間に，世界中のページの中から入力されたキーワードを探してくるのでしょうか？

現在，Web 空間には数えきれないくらいの大量のページが存在しますので，いくら速いスーパーコンピュータや超高速ネットワークを使用しても数秒後に答えを返すことは不可能です．じつは検索エンジンは事前に Web ページを収集してコピーして保存しています．すなわち，ページに含まれるリンクを順番にたどって，たどったページを複製し，またリンクをたどってという作業を繰り返しています．これを行うプログラムのことを**ロボット（robot）**あるいは**クローラ（crawler）**と呼びます．クローラは逐次 Web 空間でWeb ページの収集を行うことで最新の状態に更新しています．クローラは大量の Web ページを収集していますので，その作業時間は数日掛かることもあります．また，収集した大量のページを整理して，ユーザからの検索要求に応えるための**索引（インデックス：index）**を作成します．このため，新しい Web ページをサーバにアップしても，検索エンジンでヒットするにはしばらく時間が掛かることがあります．

2.4 検索オプション

これまでに述べたように検索エンジンに入力するキーワードを工夫することによって得たい情報を絞り込むことができます．ここでは，前述した論理演算以外の指定の仕方について述べます．検索エンジンによって指定の方法が異なりますが，ここでは Google 検索エンジンを例として説明します．**検索演算子（search operators）**として指定するものや，検索オプションのページで指定するものがあります．

(1)　特定サイト内での検索

(site:URL キーワード)　　ある特定のサイト，あるいはドメインのみを検索の対象とすることで範囲を限定できます．これにより，特定のサイト内での検索が可能となり，絞り込みが容易になります．

> （例）site:www.kwansei.ac.jp 食堂

「関西学院大学」内の各キャンパスの「食堂」の情報が得られます．

(2)　指定した URL へリンクを張っているページの検索

(link:URL)　　入力した URL へのリンクを含むページを検索することができます．例えば，あるユーザのホームページへのリンクが張られたページを検索することによって，どのページから自分のページへのリンクがあるのか，あるいはどのページから自分のページをクリックされる可能性があるのかを知ることができます．

> （例）link:hanshintigers.jp

「阪神タイガース」のページへのリンクを持つ「日本野球機構」や「甲子園球場」などのページが得られます．

(3)　関連するサイトの検索

(related:URL)　　入力した URL に関連するサイトを検索することができます．例えば，ある大学の URL を入力すると他の大学のページのリストを得ることができます．

> （例）related:www.kwansei.ac.jp

「関西学院大学」に関連する他の大学や団体などのページ
が得られます.

(4) **ファイルの種類を指定した検索**

(filetype:*{pdf, xls...}*)　ファイルタイプを指定して，その
種類のファイルのみが得られます.

> （例）site:www.city.akashi.lg.jp filetype:pdf

「明石市役所」で公開している「PDF」形式の書類を得る
ことができます.

(5) **本文中の指定したキーワードを含むページの検索**

(intext:**キーワード**)　ページの本文中に指定したキーワー
ドが含まれているページが得られます.

> （例）intext:入試 大学

キーワード「大学」を含み，本文中にキーワード「入試」
が含まれているページが得られます.

(6) **タイトルに指定したキーワードを含むページの検索**

(intitle:**キーワード**)　ページのタイトルに指定したキー
ワードが含まれているページが得られます.

> （例）intitle:アクセス 大学

キーワード「大学」を含み，タイトル中にキーワード「ア
クセス」が含まれているページが得られます.

上記の検索演算子を用いた検索オプション以外にも，検索オプションページで指定する方法があります．

- ページの最終更新日を指定する．（日，週，月，年など）
- ページの記述言語を指定する．（英語，中国語，フランス語など）
- 特定の地域に属するページを指定する．（国名など）

これ以外にも，様々な検索オプションや検索演算子が各検索エンジンのサービスとして提供されています．

●さらに詳しく学びたい方へ

　検索エンジンによる Web 情報検索については，各種検索エンジンのガイドブックやオンラインヘルプなどが参考になります．例えば，Google 検索エンジンであれば，オンラインの検索オプション一覧で確認できます♠5．また，ブーリアンモデルなどの検索モデルについては，「**情報アクセス技術入門**」[15] に説明があります．さらに体系的に学びたい場合は，「**情報検索の基礎**」[12] に詳しい解説があります．

♠5https://www.google.com/advanced_search

3 検索エンジンの仕組み

3.1 Web検索システム

　検索エンジンに検索キーワードを入力して，検索結果リストが表示された際に，どれくらいのページをクリックして閲覧しますか？人によっては5ページ，あるいは10ページくらい，あるいはもっと多くのページを閲覧するかもしれません．いずれの場合も，上位の方に知りたい情報があることが多いのではないでしょうか．検索エンジンでは，できるだけ上位に検索結果として相応しいページを表示するように工夫されています．この検索結果の上位からのページの順位のことを**ランキング（ranking）**と呼びます．膨大なページが存在するWebから検索結果として相応しいページを抽出すること自体も大変困難ですが，抽出されたページを適合する順に並び替えることも難しいことです．Web検索エンジンはどのような仕組みでこれらに対応しているのでしょうか？

　ユーザがWebページを閲覧する際にURLを知っていれば，Webブラウザに直接入力することが可能です．しかしながら，URLが分からない場合，あるいはどのようなページが存在するかが分からない場合は，検索エンジンを使用することになります．Web検索エンジンは，Web検索システム（図3.1）の仕組みに基づいて構成

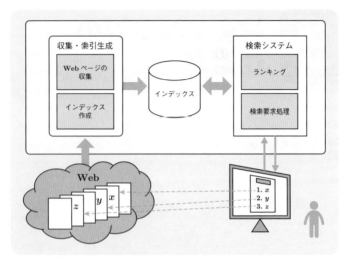

図 3.1 Web 検索システム

されており，ユーザが URL を直接指定して Web にアクセスする
方法以外に，Web ページに到達する方法を提供します[1]．すなわ
ち，Web 検索エンジンは，Web とユーザを間接的に取り持つサー
ビスであるとも言えます．Web 検索システムの処理の流れは大き
く以下の 2 つから構成されます．

(1) **Web ページの収集・インデックス作成**

　　ユーザからの検索要求に素早く対応するために行う事前処理

(2) **ユーザの検索要求・Web ページの検索とランキング**

　　ユーザからの検索要求を受け付けて適合する Web ページとの

---

[1] 検索エンジンは，一般的にはページ収集・索引生成・インデックス・検索システ
ムの全体を指しますが，狭義の意味では検索システムの部分のみを指す場合もあり
ます．

照合とそのランキングのための処理，および検索結果の出力

3.2 Webページの収集

　検索対象となる Web ページを収集するために，**クローラ**
(crawler) と呼ばれるプログラムが使用されます[2]．このクロー
ラは基本的には存在するすべての Web ページ[3]を自動的に収集し
ます．クローラは，ページに含まれるリンク（hyper link）をたど
ることによって，そのリンク先のページを逐次取得しサーバに蓄積
していきます．

　大量に存在するページを収集するためには，複数のクローラを同
時に実行させて効率よく収集を行う必要があります．また，リンク
をたどっていくと以前に収集したページに戻ってしまったり，同じ
リンクをたどってしまうことがあります．このような場合に，どの
ような手順で回避するかなどについては，各クローラであらかじめ
設定されています．詳細な手順は割愛しますが，ページの階層数や
そのページが末端かどうかなどの条件を使用することで新しいペー
ジに移動する工夫がなされています．

　クローラが膨大なページを収集するには非常に時間が掛かりま
す．数日から数週間掛かるともいわれている収集作業ですが，これ
は一度収集を行うだけでは充分ではありません．なぜなら，収集し
ている間に新しいページが追加されたり，削除されることもあるか
らです．また，ページの内容が変更されることもあります．このた
め，追加・削除・変更されたページのみを効率的にたどるような工

---

[2] 自動的に収集をすることから，ロボットと呼ばれることもあります．

[3] これ以降，Web ページを「ページ」と表記することがあります．

夫が必要となります．現在，各検索エンジンでは様々な効率化の手
法を用いてページの収集を行っています．ちなみに，検索エンジン
に収集されたくないページがある場合は，その Web サイトのルー
トディレクトリ（一番上位の階層）に robots.txt という名前の
ファイルを置くことで収集の対象から外すことも可能です．

3.3 インデックス作成

3.3.1 インデックスとは

収集された大量のページを効率的に検索するために，**インデック
ス (index)** が用いられています．インデックスとはどのページに
どのような内容が含まれているかを効率的に探すためのデータ構造
のことです．教科書などの最後に付記されている用語索引などもイ
ンデックスの一種です．五十音順やアルファベット順に用語が並べ
られており，その用語が使用されているページ数が記載されていま
す．Web でも同様に，どのような内容がどのページに含まれてい
るかを示すインデックスを用います．

インデックスは単語ごとに作成する必要があります．文章から単
語を抜き出すためには，**形態素解析 (morphological analysis)**♠4
と呼ばれる自然言語処理が用いられています．形態素とは意味を持
つ最小の言葉の単位であり，単語に相当します．形態素解析では，
分割した形態素の品詞や原形・活用形も同時に判定されます．以下
の文章の形態素解析の結果を見てみましょう．

♠4 日本語を対象とした形態素解析システムの代表的なものに MeCab や ChaSen
（茶筌）があります．

例

「京都から神戸へは，新幹線や JR で乗り換えなしで移動可能です．」

検索対象の単語としては，助詞や助動詞，および句読点や記号を除いた単語を使用しますので，この例では，以下が検索対象として抽出されます．

ここで，「乗り換え」という単語は「乗換え」や「乗換」と記述される場合があることに気付くかもしれません．このような場合はどう扱うのでしょうか？　同一の意味で表記が複数ある場合，**表記ゆれ**が起こることがあります．このような場合は，同一の意味を持つ複数の単語を 1 つのまとまりとして格納した辞書などを使用して，表記は違いますが同じ意味を持つ単語を同一の単語として扱えるような手法を用います．

3.3.2 インデックスのデータ構造

検索エンジンの索引として，**転置インデックス (inverted index)** が用いられています．転置インデックスは，**索引語**（単語）に対してその索引語が含まれるページを示すデータ構造です．

図 3.2 のような 3 つのページがある場合を考えてみましょう. それぞれのページには索引語を含む複数の文章が記述されています.

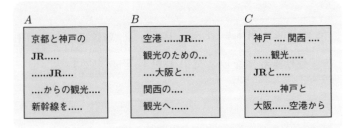

図 3.2 Web ページの例

この 3 つのページに記述されている文章を形態素解析して, 検索対象の単語のみを抽出した結果を図 3.3 に示します.

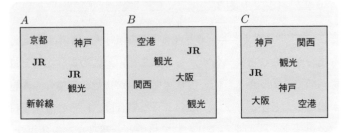

図 3.3 ページに含まれる単語

これらの転置インデックスを作成してみましょう. まず, 各ページにおいて, 索引語として「京都」,「大阪」,「神戸」,「関西」,「観光」,「JR」,「新幹線」,「空港」の 8 種類の単語が含まれるかどうかを調べます. 含まれる場合は 1, 含まれない場合は 0 とします. 例えば, ページ A には,「京都」,「神戸」,「観光」,「JR」,「新幹線」が含まれ

るので，$A : 1, 0, 1, 0, 1, 1, 1, 0$ と表すことができます．同様に，ページ B は $B : 0, 1, 0, 1, 1, 1, 0, 1$，ページ C は $C : 0, 1, 1, 1, 1, 1, 0, 1$ となります．これをまとめると，表 3.1 のようになります．

表 3.1 各ページに含まれる単語

ページ ＼ 単語	京都	大阪	神戸	関西	観光	JR	新幹線	空港
A	1	0	1	0	1	1	1	0
B	0	1	0	1	1	1	0	1
C	0	1	1	1	1	1	0	1

次に，表 3.1 を基に索引語がどのページに含まれているかを調べます．例えば，「関西」はページ B と C に含まれています．このようにして作成した索引が転置インデックスです（表 3.2）．

表 3.2 転置インデックス

索引語	ページ
京都	A
大阪	B, C
神戸	A, C
関西	B, C
観光	A, B, C
JR	A, B, C
新幹線	A
空港	B, C

検索エンジンでは，ユーザが検索要求として入力した単語について，転置インデックスを用いてどのページに含まれているかを抽出し，検索結果として返すことが可能になります．

3.4 Web ページの検索

3.4.1 検索モデル

　検索エンジンはユーザの検索要求に対して適合するページを提示します．適合している可能性が高いページをより正確に，より効率的に検索するために様々な手法があります．この手法に用いられる**検索モデル** (retrieval model) にはいくつかの種類があります．代表的なものに，**ブーリアンモデル** (boolean model)，**ベクトル空間モデル** (vector space model)，**確率モデル** (probabilistic model)，および**言語モデル** (language model) などがありますが，本書ではブーリアンモデルとベクトル空間モデルについて紹介します．

　それぞれの検索モデルでは，ユーザの検索要求の表現方法，および検索対象（ページ）との適合度合いを推定する方法が用いられています．

3.4.2 ブーリアンモデル

　ブーリアンモデルでは，ユーザの検索要求を**ブール代数** (boolean algebra) に基づく論理式により表現して，検索対象との適合度を求めます．すなわち，AND，OR，NOT の 3 つの演算子を用いて検索要求を表現します．検索キーワードと演算子を組み合わせた検索要求（検索クエリ）については，2.2 節でも説明しました．論理演算子を表 3.3 に示します．ここで，1 はマッチする，0 はマッチしないことを表します．

　論理演算子で表現された検索クエリがマッチすれば，そのページ

表 3.3 論理演算子（AND, OR, NOT）

x	y	x AND y
0	0	0
1	0	0
0	1	0
1	1	1

x	y	x OR y
0	0	0
1	0	1
0	1	1
1	1	1

x	NOT x
0	1
1	0

が適合したと判断されます．なお，検索結果は適合するか適合しないかの 2 種類に判別されます．

図 3.3 の場合を考えてみましょう．検索対象は文章ではなく，文章から抽出された「単語の集まり[♠5]」です．ここで，検索要求が「神戸の観光について調べたい」のであれば，「神戸 *AND* 観光」の検索クエリを用います．これに適合するのは，「神戸」と「観光」の両方が含まれるページ A, C です．また，「神戸 *OR* 観光」であれば，「神戸」と「観光」のどちらかが含まれるページ A, B, C が適合します．

このように，ブーリアンモデルは適合するかしないかを明確に判別することが可能ですが，複数の検索結果が返された場合に，どのページがユーザの検索要求に最も適合しているか，あるいはどの順番で適合度が高いかの順序付け（ランキング）ができないことが欠点です．

3.4.3 ベクトル空間モデル

ベクトル空間モデルは，検索要求とページをベクトルにより表現し，検索要求に対するページの適合度を検索要求とページのベクト

[♠5]単語の出現位置や順序は無関係とします．

ルの**類似度 (similarity)** によって推定する検索モデルです．ベクトルと聞くと，x, y 軸を持つ 2 次元平面や x, y, z 軸を持つ 3 次元空間における方向と大きさを持つ量を思い浮かべるかもしれませんが，ここでは x 軸や y 軸といった実空間を扱うのではなく，単語数を基にした（仮想的な）ベクトル空間♠6を用います．

　具体的な例を用いて説明します．図 3.3 の 3 つのページをベクトルで表現してみましょう．キーワードのベクトル空間は，**特徴ベクトル (feature vector)** と呼ばれます．ページに含まれる単語は「京都」，「大阪」，「神戸」，「関西」，「観光」，「JR」，「新幹線」，「空港」の 8 種類ですので，特徴ベクトルは 8 次元となります．特徴ベクトルの要素を (京都, 大阪, 神戸, 関西, 観光, JR, 新幹線, 空港) とすると，ページ A, B, C の特徴ベクトルは以下のようになります．ここで，ベクトルの要素は単語が含まれている場合は 1，含まれない場合は 0 となります．

$$d_A = (1, 0, 1, 0, 1, 1, 1, 0)$$
$$d_B = (0, 1, 0, 1, 1, 1, 0, 1)$$
$$d_C = (0, 1, 1, 1, 1, 1, 0, 1)$$

一方，検索要求も同じ特徴ベクトルを用いて表現できます．検索クエリを「神戸 観光」とすると，特徴ベクトルは以下のようになります．この時，この単語を含むページは図 3.4 のようになります．

$$q = (\overset{\text{京都}}{0}, \overset{\text{大阪}}{0}, \overset{\text{神戸}}{1}, \overset{\text{関西}}{0}, \overset{\text{観光}}{1}, \overset{\text{JR}}{0}, \overset{\text{新幹線}}{0}, \overset{\text{空港}}{0}) \tag{3.1}$$

ベクトル空間モデルでは，検索クエリに対するページの適合度（ユー

♠6空間の次元数は出現する単語の種類によって決まります．

ザの検索要求に対して各ページが適合する度合い）をベクトルとの
類似度として求めることができます．一般的に，あるベクトルに最
も似ているベクトルは，そのベクトルの方向と大きさが近いものに
なります．例えば，図 3.5 では，ベクトル s に最も類似度が高いの
は方向と大きさが似ているベクトル w になります．キーワードの
特徴ベクトル空間でも同様で，方向と大きさが近いものが類似して

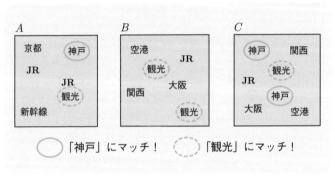

図 3.4　検索クエリの単語を含むページ

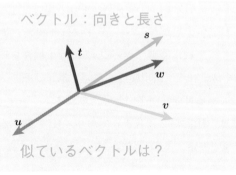

図 3.5　ベクトルとは？

いることになります. では, 方向と大きさが近いかどうかはどのようにして計算することができるでしょうか?

類似度を計算するには, **内積 (inner product)** を用います[7]. 内積の値は, 式 (3.2) のように 2 つのベクトルの同じ要素同士を掛け合わせてすべてを加算することにより求めることができます. m はベクトルの次元です.

$$d \cdot q = \sum_{i=1}^{m} d_i q_i \tag{3.2}$$

ページ A, B, C と検索クエリ q の内積は以下のようになります. この場合, 値の大きいページ A とページ C が適合することになります.

$$d_A \cdot q = 1 \times 0 + 0 \times 0 + 1 \times 1 + 0 \times 0 + 1 \times 1 + 1 \times 0 + 1 \times 0 + 0 \times 0 = 2.0$$
$$d_B \cdot q = 0 \times 0 + 1 \times 0 + 0 \times 1 + 1 \times 0 + 1 \times 1 + 1 \times 0 + 0 \times 0 + 1 \times 0 = 1.0$$
$$d_C \cdot q = 0 \times 0 + 1 \times 0 + 1 \times 1 + 1 \times 0 + 1 \times 1 + 1 \times 0 + 0 \times 0 + 1 \times 0 = 2.0$$

3.4.4　TF-iDF

ベクトル空間モデルの特徴ベクトルの要素について, もう一度考えてみましょう. キーワードが含まれる場合は 1, 含まれない場合は 0 としていましたが, ページ A には「観光」は 1 個含まれており, ページ B には 2 個, ページ C には 1 個含まれています. ページに多く含まれる (出現頻度が高い) 単語はそのページのトピック (主題) である可能性が高いと考えられます. 図 3.6 の例では, ページ A には「JR」が 2 個含まれており, JR に関するページである可能性が高いと言えるのではないでしょうか. また, ページ B には

---

[7]ここでは内積を用いていますが, より正確に計算する場合はコサイン類似度 $\frac{d \cdot q}{\|d\| \|q\|}$ を用いることが一般的です.

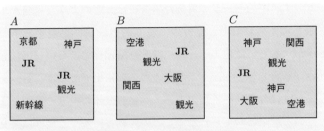

図 3.6 特徴ベクトル

「観光」が 2 個含まれており，観光情報に関するページである可能性が高いと言えるのではないでしょうか．

　1 つのページにおいて，ある単語が含まれる数が多ければ多いほど，そのページのトピックである可能性が高いという考え方に基づく尺度があります．**単語頻度（TF：Term Frequency）**と呼ばれ，式 (3.3) のように定義されます．d は対象となるページ，k_i はページ d に含まれる i 番目の単語です．

$$TF_{d,k_i} = d \text{ に含まれる } k_i \text{ の数} \tag{3.3}$$

例えば，ページ A の「JR」は $TF_{A,\text{JR}} = 2$，ページ B の「観光」は $TF_{B,\text{観光}} = 2$ となります．この単語頻度を特徴ベクトルに反映させると，3 つの特徴ベクトルはそれぞれ図 3.7 のようになります．

有無$(1, 0, 1, 0, 1, 1, 1, 0)$　$(0, 1, 0, 1, 1, 1, 0, 1)$　$(0, 1, 1, 1, 1, 1, 0, 1)$

TF$(1, 0, 1, 0, 1, \underline{2}, 1, 0)$　$(0, 1, 0, 1, \underline{2}, 1, 0, 1)$　$(0, 1, \underline{2}, 1, 1, 1, 0, 1)$

図 3.7 単語頻度（TF）を用いた特徴ベクトル

　一方，すべてのページで考えた場合には，どのような単語が重要
であると考えられるでしょうか．多くのページに出現する単語で
しょうか，あるいは他のページにはそれほど出てこない（出現頻度
が低い）単語でしょうか？　多くのページに出てくるよりも，ある
ページだけに含まれる単語の方が，ページ全体の中での特徴をより
表している単語と考えられます．この考え方に基づく尺度は，**文書
頻度（DF：Document Frequency）**と呼ばれ，式 (3.4) で定義
されます．

$$DF_{k_i} = k_i を含むページ数 \qquad (3.4)$$

例えば，「観光」は 3 ページ中で 3 ページに含まれていますので
$DF_{観光} = 3$，「空港」は 3 ページ中で 2 ページに含まれていま
すので $DF_{空港} = 2$ となります．ここで，全ページの中で，含まれな
いページがより少ないことが重要であるということを示すために
は，全ページ数をその単語を含むページ数で割ればよいのではな
いでしょうか？　この考え方に基づく尺度は，**逆文書頻度（iDF：
inverse Document Frequency）**と呼ばれ，式 (3.5) のように定
義されます[8]．N は全ページ数です．

$$iDF_{k_i} = \frac{N}{DF_{k_i}} \qquad (3.5)$$

「観光」の逆文書頻度は $iDF_{観光} = \frac{3}{3} = 1.0$，「空港」は $iDF_{空港} = \frac{3}{2} = 1.5$ となり，「観光」よりも「空港」の値の方が高くなります．
逆文書頻度の計算結果を図 3.8 に示します．

---

[8]ここでは $\frac{N}{DF_{k_i}}$ としていますが，より正確には $\log\left(\frac{N}{DF_{k_i}}\right)$ を用います．この
理由は，N が大きい場合，すなわち，ページ数が大きい場合に単語間の iDF 値の差
が大きくなり過ぎることがあるためです．

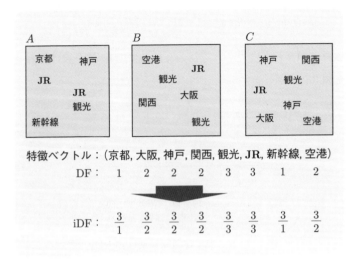

図 3.8 逆文書頻度（iDF）

TF と iDF をまとめると，以下のようになります．

- **単語頻度（TF）**：1 つのページに含まれるキーワードの個数であり，値が高いほどそのページのトピックである可能性が高い．
- **逆文書頻度（iDF）**：全ページのうちキーワードが含まれるページ数の逆数であり，単語の重要度を示す．

ここで，単語頻度と逆文書頻度を用いて特徴ベクトルを計算する方法について説明しましょう．単語頻度の値はページ内での単語の重要度，逆文書頻度は全ページ中での単語の重要度と考えることができますので，これらの値を掛け合わせたものを特徴ベクトルとして用いる尺度です．**単語頻度-逆文書頻度（TF-iDF）**と呼ばれ，式 (3.6) のように定義されます．

$$TF\text{-}iDF_{d,k_i} = TF_{d,k_i} \times iDF_{k_i} = TF_{d,k_i} \times \frac{N}{DF_{k_i}} \qquad (3.6)$$

ページ A, B, C のそれぞれの TF 値に iDF 値を掛け合わせた値を図 3.9 に示します.

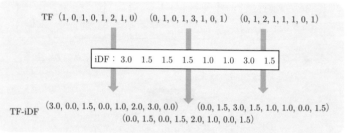

図 3.9 単語頻度-逆文書頻度 (TF-iDF)

このようにして求めたページ A, B, C の特徴ベクトル d_A, d_B, d_C と検索クエリ「神戸 観光」の特徴ベクトル $q_{神戸, 観光}$ の類似度を内積で求めた結果を以下に示します.

$$q_{神戸, 観光} = \overset{\text{京都 大阪 神戸 関西 観光 JR 新幹線 空港}}{(\ 0\ ,\ 0\ ,\ 1\ ,\ 0\ ,\ 1\ ,\ 0\ ,\ 0\ ,\ 0\ )}$$

$$d_A = (3.0, 0.0, 1.5, 0.0, 1.0, 2.0, 3.0, 0.0)$$
$$d_B = (0.0, 1.5, 0.0, 1.5, 2.0, 1.0, 0.0, 1.5)$$
$$d_C = (0.0, 1.5, 3.0, 1.5, 1.0, 1.0, 0.0, 1.5)$$

$$d_A \cdot q_{神戸, 観光} = 2.5$$
$$d_B \cdot q_{神戸, 観光} = 2.0$$
$$d_C \cdot q_{神戸, 観光} = 4.0$$

3つのページの検索クエリ「神戸 観光」の値は, それぞれ 2.5, 2.0, 4.0 となります. この結果により, 適合するページは C, A, B の順となります. この結果を, TF-iDF 値を用いずに単純に単語の有無で計算した結果である 2.0, 1.0, 2.0 と比較してみましょう. 検索クエリとページ間の適合度がより明確になっていることが分かります.

これまでの説明では, 全ページ数が3ページで, 単語の種類も8個の非常に単純な例を用いてきました. しかしながら, 実際の Web ページは膨大であり, また含まれる単語数や単語の種類も莫大ですので, 計算は非常に困難であると考えられます. ただし, 計算自体は単純な足し算や掛け算ですので, 高速なコンピュータを用いれば, ある程度時間を掛けることで計算できます. また, 特徴ベクトルの次元は出現する単語の種類のすべてを必ずしも用いる必要はなく, ほとんど出現することのない単語などを省略することで省力化することも可能です.

3.5 Web ページのランキング

3.5.1 リンク解析を用いたランキング

前節では, ユーザの検索要求に対して適合するページを推定する方法について説明しました. しかしながら, 検索クエリに入力されるキーワードは数語程度であり, これだけを基に適合するページを計算するのは困難であることと, 同じような適合度を持つページが大量にある場合があるため, 別のランキングの方式が必要になります. また, 単語の頻度のみを尺度とすると, 役に立たないページのランクが上位になることを避けたり, **スパム (spam)** と呼ばれる

ランクを上げるために関係のない単語を大量に記述したページを作成するなどの行為を防ぐことができません．これらに対応するために，Web ページの特性である，**ハイパーリンク (hyperlink)** の性質を基にしたランキング方式が用いられています．ハイパーリンクとは，Web ページの**アンカー**[9] **(anchor)** をクリックすることで，他のページへジャンプするリンクのことです．図 3.10 のページは図 3.12 に示すリンク関係であることが分かります．

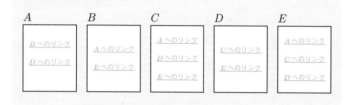

図 3.10　リンク先ページへのアンカー

　Web ページのリンク関係を用いたランキング手法としては，**PageRank** や **HITS** などがあります．

3.5.2　PageRank

　PageRank は Google 検索エンジンのベースとなるランキング方式です．ページを閲覧している際に，ページ内のアンカーをクリックして他のページへリンク移動し，さらに他のページへと次々にリンクをたどってページを閲覧することがよくあります．PageRank の直観的な説明には**ランダムサーファーモデル (random surfer**

---

[9]通常，アンカーはブラウザ上では文字や図形が色付けされたり，下線が引かれています．「Web ページのリンクをクリックする」とよく言いますが，正確に言えばクリックするのはアンカーです．

model) がよく用いられています．これは，リンク移動をランダム（無作為）に行う多数のサーファー（ユーザ）が，移動を無限回繰り返した時に，あるページを閲覧している確率がそのページの重要度であるというモデルです．このように，PageRank は Web ページがどのようなトピックについて記述されているかや，どのような単語が含まれているか，あるいはどのような目的で誰が作成したかなどの情報は一切使用せずに，ページ間のリンク関係のみによってページの重要度を決定する方式です．この重要度が各ページの値となります．

PageRank は，「多くの価値あるページからリンクされているページは，価値のあるページである」という考えに基づき設計されており，式 (3.7) により PageRank の値が計算されます．ページ u の値 $R(u)$ は，ページ u をリンク先としているページ v_i の持つ $R(v_i)$ の値を加算します．この時，ページ v_i の持つ値を外部へのリンク数 L_{v_i} で割った値を加算します．

$$R(u) = \sum_{i=1}^{m} \frac{R(v_i)}{L_{v_i}} \qquad (3.7)$$

図 3.11 のようなリンク関係がある時のページ u の $R(u)$ を計算してみましょう．まず，ページ u には，ページ v_1，v_2，v_3 の 3 つのページからのリンクがあり，それらのページが持つ値は，それぞれ 90，50，80 となっているとします．ページ v_1 からは 3 つのリンクが出ており，そのうちの 1 つのリンク先がページ u となっています．同様にページ v_2 からは 2 つのリンクが，ページ v_3 からは 4 つのリンクがあります．したがって，u の値は以下のように求めることができます．

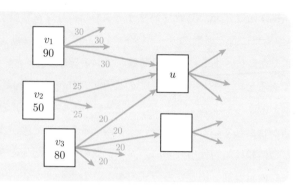

図 3.11　PageRank の計算

$$R(u) = \frac{90}{3} + \frac{50}{2} + \frac{80}{4} = 75$$

上記の例では，1 つのページについて 1 回のみ値の計算を行いましたが，図 3.12 のようにページは相互にリンク関係を持っていますので，再帰的に計算を繰り返すことになります．図 3.12 の下の表は，縦軸にリンク先，横軸にリンク元のページを示しています．このようにリンク関係は，グラフでも表でも同等の表現が可能です．

図 3.12 に含まれるページ A〜E の値を計算してみましょう．まず，計算する前にどのページの値が高く，どのページが低いか，リンク関係から直観的に考えてみてください．ここでは，簡単化のために各ページが持っている初期値をすべて 100 とします．これを基に，各ページごとに計算を行います．ページ A の 1 回目では，ページ A へのリンクを持つページ B, C, E の値を用います．もちろん，ページ B, C, E から外部へのリンクがいくつあるのかも考慮しなければいけません．ページ A の 1 回目の値 $R^1(A)$，同様にページ B〜E の値は以下のように計算できます．

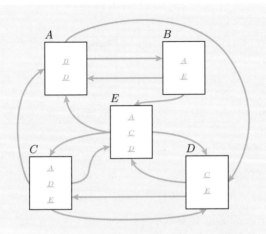

	A	B	C	D	E
A		1	1		1
B	1				
C				1	1
D	1		1		1
E		1	1	1	

図 3.12 ページ間のリンク関係

$$R^1(A) = \frac{100}{2} + \frac{100}{3} + \frac{100}{3} = 117$$

$$R^1(B) = \frac{100}{2} = 50$$

$$R^1(C) = \frac{100}{2} + \frac{100}{3} = 83$$

$$R^1(D) = \frac{100}{2} + \frac{100}{3} + \frac{100}{3} = 117$$

$$R^1(E) = \frac{100}{2} + \frac{100}{3} + \frac{100}{2} = 133$$

表 3.4　PageRank の計算例

	初期値	1 回目	2 回目	3 回目	4 回目	5 回目	...	15 回目
A	100	117	97	100	101	99		100
B	100	50	58	49	50	51		50
C	100	83	103	102	103	103	...	103
D	100	117	131	120	127	124		125
E	100	133	111	129	118	123		122

　この計算を値が収束するまで続けます．一般的には数十回程度で値に変化がなくなります．この例では，15 回程度で値が収束します（表 3.4）．各ページの値は，それぞれ 100，50，103，125，122 となり，ページ D の値が最も高くなり，ランキングは，ページ D，E，C，A，B の順になります．図 3.13 の色の濃いページが高い値を持つページです．計算前の予測と一致したでしょうか？

　ここでは，表 3.4 のように表を使って計算しましたが，図 3.12 の下に示す「リンク先・リンク元の行列」を用いれば一括計算することも可能です．

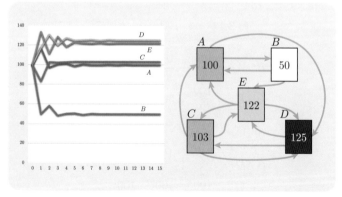

図 3.13　PageRank の値

テレポーテーション

これまでの説明では，あるページに到達するには必ずリンクをたどることを前提としていましたが，実際には直接ページに到達する場合もあります．例えば，ブラウザに直接 URL を入力した場合や，検索エンジンの検索結果のページをクリックした場合などです．このように直接ページに移動することを**テレポーテーション (teleportation)** と呼びます[10]．これを考慮した計算を行うためには，ユーザがリンクをたどってページに到達する確率とテレポーテーションでページに到達する確率を用います．例えば，リンクをたどる確率が 85%，テレポーテーションする確率が 15% などです．

式 (3.8) の d がリンクをたどる確率を示します．d は 0 から 1 の値をとり，上記の場合は 0.85 になります．ここで，N はすべてのページ数です．

$$R(u) = \frac{(1-d)}{N} + d \times \sum_{i=1}^{m} \frac{R(v_i)}{L_{v_i}} \tag{3.8}$$

式 (3.8) の前半がテレポーテーション，後半がリンクをたどる場合を示しています．例えば，ページ A の 1 回目の値 $R^1(A)$ は以下のようになります．

$$R^1(A) = \frac{(1-0.85)}{5} + 0.85 \times \left(\frac{100}{2} + \frac{100}{3} + \frac{100}{3} \right)$$

実際の Web ページ閲覧にはテレポーテーションも含まれますので，上記の式を用いるとさらに計算の精度が高くなります．

---

[10] テレポーテーションとは瞬間移動のこと．

3.5.3 HITS

　PageRank と同様に，Web ページのリンク関係を用いたランキング方式として **HITS（Hyperlink Induced Topic Search）** があります．HITS は PageRank とは異なり，あらかじめすべてのページのランキング値を計算しておくのではなく，あるトピックに関連するページ間のみで計算を行います．トピックに関連するページとは，同じ検索要求（あるキーワードが含まれるなど）により抽出されたページ集合（ルートページ集合）です．ルートページ集合に加えて，ルートページ集合の各ページからリンクされているページや，各ページにリンクしているページ集合（拡大ページ集合）も含めて計算されます．

　HITS では，**オーソリティ（authority）** と **ハブ（hub）** という2つの指標をページの評価として用います[11]．各ページごとに，オーソリティ値とハブ値の2つの値が計算されます．オーソリティ値の高いページは，特定トピックに関する情報源として権威のあるページです．ハブ値の高いページは，オーソリティ値の高いページへのリンクを多く含んだページです．

　オーソリティ値の高いページはハブ値が高いページから多くのリンクが張られており，ハブ値が高いページはオーソリティ値の高いページへの多くのリンクを含んでいます．すなわち，オーソリティとハブは相互に依存する関係です．すなわち，「価値の高いオーソリティは価値の高いハブからリンクされており，価値の高いハブは価値の高いオーソリティへリンクしている」という考え方に基づい

---

[11]直観的には，オーソリティとはそのトピックについて「権威」がある重要度の高い情報源，ハブとは優れたリンク集であると考えらます．

ています.

　オーソリティ値とハブ値は, 式 (3.9) と式 (3.10) によって計算されます. ページ p の k 回目のオーソリティ値 $A(p)$ はページ p へのリンクを含むページ p の $(k-1)$ 回目のハブ値 $H(p_i)$ の総和で, ページ p の k 回目のハブ値 $H(p)$ はページ p からリンクされているページ r の $(k-1)$ 回目のオーソリティ値 $A(r_j)$ の総和で求められます.

$$Auth^{(k)}(p) = \sum_{i=1}^{m} Hub^{(k-1)}(q_i) \tag{3.9}$$

$$Hub^{(k)}(p) = \sum_{j=1}^{n} Auth^{(k-1)}(r_j) \tag{3.10}$$

　表 3.5 は, ページ A から E の 5 つのページのリンク関係からオーソリティ値とハブ値を繰り返し計算した結果 (5 回目まで) を示しています. 各ページのオーソリティ値とハブ値の初期値 (0 回目) はそれぞれ 1 とします[12]. ページ A はページ B, ページ C, およびページ E からリンクされていますので, ページ A の 1 回目

表 3.5 HITS の計算

	from	to	初期値 0回目 Auth	Hub	1回目 Auth	Hub	2回目 Auth	Hub	3回目 Auth	Hub	4回目 Auth	Hub	5回目 Auth	Hub
A	B, C, E		1		3		8		23		59		164	
		B, D		1		2		4		10		25		64
B	A		1		1		2		4		10		25	
		A, E		1		2		6		15		43		109
C	D, E		1		2		5		13		33		90	
		A, D, E		1		3		9		23		64		163
D	A, C, E		1		3		8		21		54		146	
		C, E		1		2		5		12		33		83
E	B, C, D		1		3		7		20		50		140	
		A, C, D		1		3		8		21		57		146

---

[12] この例では 5 回までの計算結果を示していますが, 数十回程度計算を繰り返すと各値の比率が収束します.

のオーソリティ値（$Auth^{(1)}(A)$）は，ページ B，ページ C，および
ページ E の 0 回目のハブ値の和で計算されます．また，ページ A
にはページ B とページ E へのリンクを含むので，ページ A の 1 回
目のハブ値（$Hub^{(1)}(A)$）は，ページ B とページ E の 0 回目のオー
ソリティ値の和となります．

$$Auth^{(1)}(A) = Hub^{(0)}(B) + Hub^{(0)}(C) + Hub^{(0)}(E) = 1 + 1 + 1 = 3$$
$$Hub^{(1)}(A) = Auth^{(0)}(B) + Auth^{(0)}(D) = 1 + 1 = 2$$

このように繰り返し計算を行うことにより，各ページの値に差が
出てきます．表 3.5 は 5 回目までの計算結果を示しており，図 3.14
は各ページのオーソリティ値とハブ値を示しています．ページ A,
ページ D およびページ E はオーソリティ値が高く，ページ C と
ページ E はハブ値が高いことを示しています．

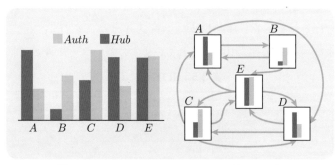

図 3.14　HITS によるオーソリティ値とハブ値

●さらに詳しく学びたい方へ

Web 検索システムの仕組みについては，**「Web のしくみと応用」**[18] と **「情報アクセス技術入門」**[15] に説明があります．また，インデックス作成については，**「情報検索の基礎」**[12] に詳細な解説があります．検索エンジン全般に関しては，*"Search Engines: Information Retrieval in Practice"*[10] にも非常に詳しい解説があります．

検索モデル，およびベクトル空間モデルと TF-iDF に関しては，**「情報アクセス技術入門」**[15] の説明と **「情報検索の基礎」**[12] の解説を参照するとよいでしょう．後者には発展的な内容を含む説明があります．

Web ページのランキング方式の PageRank と HITS については，**「Web のしくみと応用」**[18] に説明があります．また，**「情報検索の基礎」**[12] と **「PageRank の数理」**[9] には，PageRank と HITS の性能比較を含む詳しい解説があります．なお，PageRank の原著論文[♠13, ♠14]，および，HITS の原著論文[♠15] についても参照することをお勧めします．

♠13 *"The Anatomy of a Large-Scale Hypertextual Web Search Engine"*[4]

♠14 *"The PageRank Citation Ranking: Bringing Order to the Web"*[6]

♠15 *"Authoritative sources in a hyperlinked environment"*[5]

4 情報検索システムの評価

4.1 情報検索の性能評価

　これまでの章では検索エンジンや推薦システムなど，ある要求に対して順序（ランク）付けされた結果を返すサービスについて述べてきました．現在，検索エンジンや推薦システムは様々な種類のシステムやサービスが提供されています．検索エンジンについては数種類[1]がサービス提供されていますし，推薦システムに関してはレストラン推薦などではいくつものサイトが存在します．

　種類の違う検索エンジンや推薦システムを使用した際に，役に立つ結果を返してくれるものとそうでないものがあることに気付いたことはないでしょうか？　これらはシステム間の優劣や個々の"能力"と考えることができます．せっかく使用するのであれば性能のよいものを使いたいですよね．では，この能力を測る尺度はないのでしょうか？　すなわち，どのシステムが優れているか，どのシステムの方がより役に立つ結果を返してくれるのかを定性的・定量的に比較することはできないのかということです．

---

[1] 現在は代表的な数種類の検索エンジンが主流ですが，検索エンジンが登場した 2000 年頃には数十種類の検索システムが存在しました．

4.2 情報検索の評価尺度

4.2.1 適合率と再現率

ユーザが検索エンジンなどのシステムに対して検索要求[2]を行った結果，検索システムからはその要求に適合する結果（Web ページなど）のリストが返されます．例えば，図 4.1 に示すように Web ページ d_1〜d_{10} の 10 ページがある場合を考えてみましょう．この時，ある検索要求に適合する Web ページが $R = \{d_1, d_3, d_5, d_8, d_{10}\}$ の 5 ページであり，検索システムが返す結果が $d_1, d_3, d_5, d_8, d_{10}$ であった場合は，本来返すべき正解をすべて取得することができていますので，この検索システムは極めて高い検索能力を持っていると考えることができます．しかしながら，すべての検索システムが適

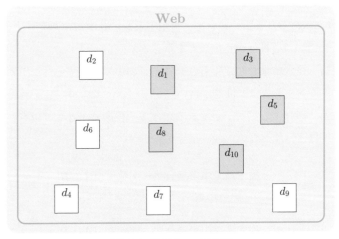

図 4.1 Web ページの例

---

[2]検索エンジンへのキーワード入力，画像検索エンジンへの条件入力など．

合するページをもれなく返すことができるとは限りません．例え
ば，検索結果の中に適合しないページが含まれている場合や，本来
返すべきページが含まれていない場合があります．このような場合
は本来返すべき適合したページが取得できないことになります．逆
に考えると，この 2 つの尺度を用いてその性能を評価できることに
なります．

　上で述べた 2 つの尺度を実際に計算する方法について説明しま
す．これらの尺度は**適合率（precision）・再現率（recall）**と呼ば
れています．適合率とは，得られた検索結果の中でどれだけ適合す
るページが多いかを表す尺度であり，検索のエラーがないかどうか
を示します．一方，再現率とは本来検索結果として返すべきものが
含まれているかどうかを表す尺度であり，取りこぼしなく適合ペー
ジを取得できているかどうかを示します．それぞれの値は以下の
ように求められます．適合率・再現率ともに 0.0〜1.0 の値をとり，
1.0 に近いほど性能が良いことを示します．

(1)　検索結果として得られたページの中で適合するページが多
　　　く含まれるほど性能が良い

(2)　適合するページができるだけ多く検索結果として返される
　　　ほど性能が良い

$$
適合率 = \frac{検索結果中の適合ページ数}{検索結果のページ数} = \frac{|A \cap R|}{|A|} \tag{4.1}
$$

$$
再現率 = \frac{検索結果中の適合ページ数}{適合するページ数} = \frac{|A \cap R|}{|R|} \tag{4.2}
$$

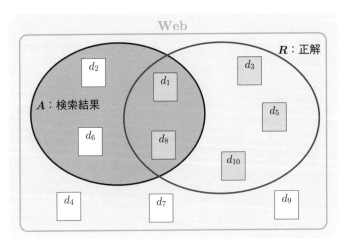

図 4.2 適合ページ（R）と検索システム A の検索結果（A）

図 4.2 の場合は，適合するページ（本来の正解）$R = \{d_1, d_3, d_5, d_8, d_{10}\}$，検索システム A の検索結果のページ $A = \{d_1, d_2, d_6, d_8\}$ であるので，適合するページの中で検索結果として返されたページは $A \cap R = \{d_1, d_8\}$ となり，ページ数は $|R| = 5$，$|A| = 4$，$|A \cap R| = 2$ となります．この場合，式 (4.1) と式 (4.2) を用いるとそれぞれの値は以下のようになります．

$$適合率_A = \frac{2}{4} = 0.50, \quad 再現率_A = \frac{2}{5} = 0.40$$

検索結果 4 ページ中のうち 2 ページが適合ページであるので適合率は 0.5，すなわち 50% の正解率ということになります．また，適合ページ 5 ページのうち，取得できたページが 2 ページであるので再現率は 0.4 となり，本来取得すべきページの 40% を取得できたことになります．

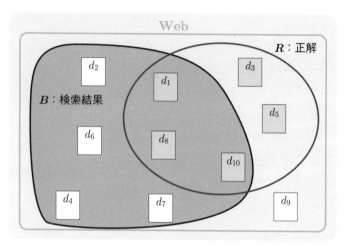

図 4.3　適合ページ（R）と検索システム B の検索結果（B）

　ここで，同じ検索要求に対して別の検索システム B の検索結果が $B = \{d_1, d_2, d_4, d_6, d_7, d_8, d_{10}\}$ の 7 ページである時（図 4.3），適合率・再現率を計算すると以下のようになります．

$$\text{適合率}_B = \frac{3}{7} = 0.43, \qquad \text{再現率}_B = \frac{3}{5} = 0.60$$

　検索システム A と検索システム B の性能を比較すると，適合率では検索システム A が，再現率では検索システム B が優れていることになります．検索システム A に比べて，検索システム B は本来正解として取得すべきページを 1 ページ多く取得できていますが（再現率が高い），取得した 7 ページ中に適合しないページ（ノイズ）が 4 ページ含まれており正解率が下がっています（適合率は低い）．このように，一般的に適合率と再現率はトレードオフ（trade-off）の関係にあり，一方が高くなれば他方が低くなります．すなわち，

再現率を上げようとするとノイズが含まれる割合が高くなり適合率が下がります．反対に適合率を上げようとすると，本来の適合ページを取りこぼすことになり再現率が下がります．

4.2.2 F 値

前項（4.2.1）での検索システム A と検索システム B では，適合率と再現率で比較した場合は性能が逆になっています．この 2 つの尺度の双方を考慮した評価はできないのでしょうか？ **F 値 (F-measure)** は両者を考慮した評価尺度[3]です．適合率を p，再現率を r とすると以下の式で計算できます．

$$F = \frac{2pr}{p + r} \tag{4.3}$$

ここで，検索システム A と検索システム B の F 値を求めてみると以下のようになります．

$$F_A = \frac{2 \times 0.50 \times 0.40}{0.50 + 0.40} = 0.44$$
$$F_B = \frac{2 \times 0.43 \times 0.60}{0.43 + 0.60} = 0.50$$

$F_A = 0.44$, $F_B = 0.50$ となり，わずかですが検索システム B の方が性能が高いことが分かります．このように F 値を用いれば，検索システム間の優劣を総合的に評価することが可能となります．

---

[3] F 値は**調和平均 (harmonic mean)** と呼ばれる平均の一種です．

4.3　ランキングの評価

　前節ではシステム間の性能を評価する尺度として，適合率・再現率・F 値を用いる方法について述べました．検索エンジンの場合は，検索結果が順序（ランク）付けされて返されます．そのランクの上位何件を見るかによっても適合率・再現率が違ってきます．一般的に，下位まで多くの結果を見ると再現率が上がりますが，その分適合しないページを閲覧することも増えるので適合率は下がります．このような場合の評価にも F 値を用いて上位何件くらいまでを見ればよいかを調べることも可能です．この場合は，あくまでも上位何件分の検索結果の集合を対象にした評価となります．

　検索エンジンなどのように検索結果が順序（ランク）付けされている場合に，ランキングを考慮した評価尺度を用いた方がより正確に性能評価を行うことが可能となるはずです．ここでは，このような評価尺度のうち代表的な 2 つの尺度について説明します．

4.3.1　平 均 逆 順 位

　逆順位（reciprocal rank）は，検索結果のランキングの上位から適合ページが最初に見付かった順位の逆数を評価値として用いる評価尺度です．最初に見付かった順位を r_{top} とすると，逆順位は式 (4.4) となります．

$$RR = \frac{1}{r_{top}} \tag{4.4}$$

例えば，図 4.4 の検索要求 q_1 の検索結果では，2 位と 4 位に適合ページが含まれており，適合ページが最初に見付かったのが 2 位であるため，逆順位 RR_{q_1} は $\frac{1}{2} = 0.50$ となります．また，検索要求

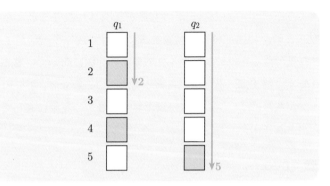

図 4.4 平均逆順位（MRR）

q_2 の検索結果では，5 位に適合ページが含まれており，適合ページが最初に見付かったのが 5 位であるため，逆順位 RR_{q_2} は $\frac{1}{5} = 0.20$ となります．複数の逆順位を用いる場合は逆順位の平均をとる**平均逆順位（MRR：Mean Reciprocal Rank）** を用います（式(4.5)）．

$$MRR = \frac{1}{|Q|} \sum_{q_i \in Q} RR_{q_i} \tag{4.5}$$

ここで，Q はすべての検索要求，RR_{q_i} は検索要求 q_i での逆順位です．図 4.4 の 2 つの検索要求の結果では，$\frac{1}{2} \times (\frac{1}{2} + \frac{1}{5}) = 0.35$ が平均逆順位の値となります．

逆順位は適合ページが最初に見付かった順位を用いるために，上位で見付かるほど評価値が高くなり，下位で見付かるほど評価値が低くなります．これを用いれば，適合率・再現率のような適合するページがどのくらい含まれるか，というページ数のみの評価だけでなく，ランキングを考慮した評価が可能となります．ただし，逆順位では適合ページが最初に見付かった順位のみを用いているため，

それより下位での適合ページの有無が反映されないことになります[4]. このため逆順位は, 検索要求に対して適合ページが 1 ページのみ見付かるだけでよいタイプの検索の評価に向いていることになります. 例えば, ある駅からある場所への道順など, 1 つの適合ページがあればユーザの要求が満たされる場合の評価に適していると考えられます.

4.3.2　nDCG

　検索エンジンのランキング結果の評価尺度として, **nDCG (normalized Discounted Cumulative Gain：正規化減損累積利得)** がよく用いられています. この方法は,「適合度 (relevance) の高いページは上位に, 適合度の低いページは下位にランキングされているほど良い」, また「同じ適合度のページであれば, 上位にあるページほど有用である」という考え方に基づいています.

　3.4.2 項で説明したブーリアンモデルでは, 適合するかしないかのみの判定を行っていましたのでランキング結果は得られませんが, ベクトル空間モデル (3.4.3 項) や PageRank (3.5.2 項) や HITS (3.5.3 項) では, 検索要求とページのベクトルの類似度を用いることで適合度を算出することができます. 各検索エンジンでは, このような手法を組み合わせて, 様々な方法で独自にランキングを計算しているため, 同じ検索要求に対しても異なるランキング結果となります. nDCG は検索エンジンのランキングが適切であるかどうかを評価するための尺度の 1 つです.

---

[4]例えば, 検索要求 q_1 の検索結果では 4 位に適合ページがありますが, 評価値には反映されません.

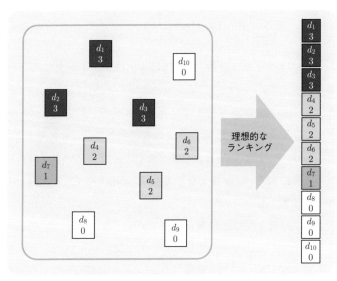

図 4.5 適合度と理想的なランキング

　まず，**DCG (Discounted Cumulative Gain：減損累積利得)** について，例を用いて説明しましょう．図 4.5 の左側は 4 段階の適合度 "3"，"2"，"1"，"0" の Web ページが 10 ページあることを示しています．ページ $\{d_1, d_2, d_3\}$ は適合度 3，ページ $\{d_4, d_5, d_6\}$ は適合度 2，ページ $\{d_7\}$ は適合度 1，ページ $\{d_8, d_9, d_{10}\}$ は適合度 0 であるので，図の右側のように上位に適合度の高いページ，下位に適合度の低いページが順位付けされていれば理想的なランキングと言えます．DCG の値は以下のように求められます．

$$DCG = \sum_{i=1}^{n} (\text{第 } i \text{ 位のページの利得}) \times (\text{第 } i \text{ 位の減損})$$

$$= \sum_{i=1}^{n} (2^{rel(i)} - 1) \times \frac{1}{i+1} \qquad (4.6)$$

ここで, n はページの総数, $rel(i)$ は i 位にランキングされたページの適合度です. 式 (4.6) の第 1 項 $(2^{rel(i)} - 1)$ は第 i 位のページの有用度 (usefulness) を示しています. 例えば, 第 i 位のページの適合度が 2 であれば, $(2^2 - 1) = 3$ の有用度があることになります. 適合度が 3, 2, 1, 0 の場合, それぞれ $(2^3 - 1) = 7$, $(2^2 - 1) = 3$, $(2^1 - 1) = 1$, $(2^0 - 1) = 0$ となります. この値のことを**利得 (gain)**と呼びます[♠5].

式 (4.6) の第 2 項は上位から下位に出現するページに対して, 減少する値です. この値は, 上位に対して下位のページにペナルティを与える意味を持っており**減損 (discount)**と呼ばれています[♠6]. 1 位のページでは $\frac{1}{(1+1)} = \frac{1}{2}$ となり, 2 位では $\frac{1}{(2+1)} = \frac{1}{3}$ となり, 3 位以降は, $\frac{1}{4}$, $\frac{1}{5}$, $\frac{1}{6}$, $\frac{1}{7}$, $\frac{1}{8}$, $\frac{1}{9}$, $\frac{1}{10}$, $\frac{1}{11}$ と減少していきます.

このように DCG は, そのページの持つ利得と順位による減損を掛け合わせることで各ページの値を計算し, それらを加算することでランキングを評価する尺度です. 図 4.5 の値を計算すると, 以下のように 9.24 の値が得られます.

$$7 \times \frac{1}{2} + 7 \times \frac{1}{3} + 7 \times \frac{1}{4} + 3 \times \frac{1}{5} + 3 \times \frac{1}{6} + 3 \times \frac{1}{7}$$
$$+ 1 \times \frac{1}{8} + 0 \times \frac{1}{9} + 0 \times \frac{1}{10} + 0 \times \frac{1}{11} = 9.24$$

[♠5]すべてのページの利得を加算していくので, 足し合わせた値を**累積利得 (cumulative gain)**と呼びます.

[♠6]ここでは, 計算を簡単にするために $\frac{1}{(i+1)}$ としましたが, 一般的には $\frac{1}{\log_2(i+1)}$ を用います.

nDCG は DCG の値を用いて，評価の最大値が 1.0 になるように**正規化 (normalization)** した評価尺度です．正規化することで他の検索エンジンのランキングとの比較や複数の検索要求のランキングの比較を行うことが容易になります．nDCG は式 (4.7) で求めることができます．

$$nDCG = \frac{DCG}{DCG^*} \tag{4.7}$$

ここで，DCG^* は理想的なランキングの DCG 値であり[7]，DCG を DCG^* で割ることにより $nDCG$ の値を求めることになります．$nDCG$ は最大値であることから，この最大値で割ることにより各ランキングの適合している度合いを求めることになります．直観的に言うと，最も理想的なランキングを 1.0（最大値）とした時に，どれくらい適合しているかを示すのが nDCG ということになります．

図 4.6 は，検索エンジン A，検索エンジン B，検索エンジン C のランキングと理想的なランキング（DCG^*）を示しています．どの検索エンジンの結果が最も理想的なランキングに近いでしょうか？

検索エンジン A と検索エンジン B は，適合度の高いページが比較的上位にランキングされているように見えます．また，検索エンジン C は，適合度の高いページが下位にランキングされています．実際にこれらの nDCG を計算してみましょう．表 4.1 は各検索エンジンのランキングによる利得と減損の値を計算したものです．$\frac{1}{(i+1)}$ は順位による減損の値，$A(rel)$，$B(rel)$，$C(rel)$ は各検索エンジンの適合値，$A(rel) \times \frac{1}{(i+1)}$，$B(rel) \times \frac{1}{(i+1)}$，$C(rel) \times \frac{1}{(i+1)}$ は利得と減損を掛け合わせた値です．各検索エンジンの利得と減損を

---

[7] 図 4.5 は理想的なランキングであり，さきほど求めた DCG の 9.24 は DCG^* の値となります．

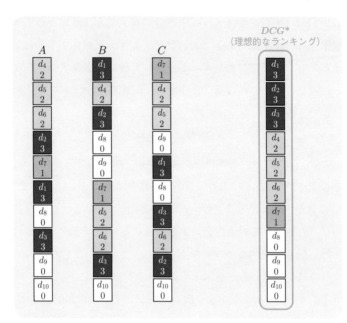

図 4.6　各検索エンジンのランキングと理想的なランキング

表 4.1　nDCG の計算

	$\frac{1}{(i+1)}$	$A\,(rel)$	$B\,(rel)$	$C\,(rel)$	$ideal\,(rel)$	$A\,(rel)$ $\times\frac{1}{(i+1)}$	$B\,(rel)$ $\times\frac{1}{(i+1)}$	$C\,(rel)$ $\times\frac{1}{(i+1)}$	$ideal\,(rel)$ $\times\frac{1}{(i+1)}$
1	0.50	2	3	1	3	1.50	3.50	0.50	3.50
2	0.33	2	2	2	3	1.00	1.00	1.00	2.33
3	0.25	2	3	2	3	0.75	1.75	0.75	1.75
4	0.20	3	0	0	2	1.40	0.00	0.00	0.60
5	0.17	1	0	3	2	0.17	0.00	1.17	0.50
6	0.14	3	1	0	2	1.00	0.14	0.00	0.43
7	0.13	0	2	3	1	0.00	0.38	0.88	0.13
8	0.11	3	2	2	0	0.78	0.33	0.33	0.00
9	0.10	0	3	3	0	0.00	0.70	0.70	0.00
10	0.09	0	0	0	0	0.00	0.00	0.00	0.00
						6.59	7.80	5.33	9.24 (DCG^*)	DCG
						0.71	0.84	0.58	1.00	nDCG

加算した値は，それぞれ 6.59, 7.80, 5.33 になります.

$$A : 3 \times \frac{1}{2} + 3 \times \frac{1}{3} + 3 \times \frac{1}{4} + 7 \times \frac{1}{5} + 1 \times \frac{1}{6} + 7 \times \frac{1}{7}$$
$$+ 0 \times \frac{1}{8} + 7 \times \frac{1}{9} + 0 \times \frac{1}{10} + 0 \times \frac{1}{11} = 6.59$$

$$B : 7 \times \frac{1}{2} + 3 \times \frac{1}{3} + 7 \times \frac{1}{4} + 0 \times \frac{1}{5} + 0 \times \frac{1}{6} + 1 \times \frac{1}{7}$$
$$+ 3 \times \frac{1}{8} + 3 \times \frac{1}{9} + 7 \times \frac{1}{10} + 0 \times \frac{1}{11} = 7.80$$

$$C : 1 \times \frac{1}{2} + 3 \times \frac{1}{3} + 3 \times \frac{1}{4} + 0 \times \frac{1}{5} + 7 \times \frac{1}{6} + 0 \times \frac{1}{7}$$
$$+ 7 \times \frac{1}{8} + 3 \times \frac{1}{9} + 7 \times \frac{1}{10} + 0 \times \frac{1}{11} = 5.33$$

理想的なランキングでの DCG の値，すなわち DCG^* の値は 9.24 であり，各検索エンジンの DCG の値は，6.59, 7.80, 5.33 ですので，nDCG の値は，$\frac{6.59}{9.24} = 0.71$，$\frac{7.80}{9.24} = 0.84$，$\frac{5.33}{9.24} = 0.58$ となります. したがって，検索エンジン B, A, C の順で適切なランキングとなっていることが分かります.

　一般的に，各検索エンジンからは大量の検索結果が返されます. 検索エンジンへのキーワード入力により数万から数百万の検索結果が返されることもあります. この検索結果のすべてを閲覧することは不可能ですし，通常は上位数個から数十個の検索結果を閲覧することになるのではないでしょうか. このような場合には，上位から一定の順位まで評価を行う必要があります. nDCG の評価においても，上位 3 位や 5 位のように，第 k 位までの nDCG を用いることがあります（nDCG@k）. k は**カットオフ（cut-off）値**です. 表 4.2，図 4.7 は検索エンジン A, B, C における 1 から 10 のカッ

表 4.2　DCG@i の計算

	DCG$_A$@i	DCG$_B$@i	DCG$_C$@i	DCG*@i	nDCG$_A$@i	nDCG$_B$@i	nDCG$_C$@i
1	1.50	3.50	0.50	3.50	0.43	1.00	0.14
2	2.50	4.50	1.50	5.83	0.43	0.77	0.26
3	3.25	6.25	2.25	7.58	0.43	0.82	0.30
4	4.65	6.25	2.25	8.18	0.57	0.76	0.27
5	4.82	6.25	3.42	8.68	0.55	0.72	0.39
6	5.82	6.39	3.42	9.11	0.64	0.70	0.37
7	5.82	6.77	4.29	9.24	0.63	0.73	0.46
8	6.59	7.10	4.63	9.24	0.71	0.77	0.50
9	6.59	7.80	5.33	9.24	0.71	0.84	0.58
10	6.59	7.80	5.33	9.24	0.71	0.84	0.58

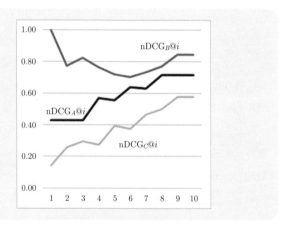

図 4.7　nDCG@i の計算

トオフ値の nDCG@k の計算例です．検索エンジン B については，
カットオフ値が大きくなるにつれて，一旦値が下がりますが，また
上昇しています．これは，検索エンジン B のランキングにおいて，
4 位と 5 位に適合度が 0（適合しない）のページが含まれているか
らです．また，検索エンジン A と C については，徐々に値が上昇

しています．もちろん場合によっては，あるカットオフ値のとり方で検索エンジン間の値が逆転することもあります．

4.4 オンライン評価

これまで述べた適合率・再現率，平均逆順位，nDCG などの評価尺度を用いて Web ページの適合性を判定し，情報検索システムの性能を評価する方法は**オフライン評価 (offline evaluation)** と呼ばれています．これに対して，情報検索システムを運用しながら，ユーザの行動を分析して性能を評価する方法は，**オンライン評価 (online evaluation)** と呼ばれています．代表的なものとして，**A/B テスト (A/B testing)** があります．

A/B テストは，検索システムの性能評価に特化した評価方法ではなく，画面設計などのユーザインタフェース評価やオンライン広告にも広く用いられる手法です．基本的な考え方は，あるシステムを使用するユーザ群を一定の割合でグループ化し，それぞれのグループに異なる検索結果や画面，あるいは広告コンテンツを提示して，グループごとのユーザの行動を比較することで，どちらが優れているかを決めるというものです．検索システムであれば検索結果をクリックした割合，画面設計であればサービス提供側が想定した操作手順通りになっているかどうか，あるいは広告コンテンツであればアクセスされたかどうかにより評価することになります．

現行の検索システムのバージョンと改良した新しいバージョンを異なるグループに提示することで，サービスを停止したり，あるいは全面的なシステム変更に伴う混乱を避けて，現行のバージョンを

運用しながら新しいバージョンを試すことができるという意味で非常に有用な手法です．現行のバージョンと新しいバージョンとを半々くらいで分けると，もし新しいバージョンの性能が良くない場合には，システム運用として大きな影響を受けることになりますので，実際のグループ分けとしては新しいバージョンの割合は小さくして実施するのが一般的です．

●さらに詳しく学びたい方へ

情報検索の性能評価については，適合率と再現率および F 値に関しては，**「情報アクセス技術入門」**[15] に説明があります．また，**「情報検索の基礎」**[12] に詳細な解説があります．

検索システムのランキングである，平均逆順序や nDCG に関する評価手法については，**「情報アクセス評価方法論」**[14] と *"Search Engines: Information Retrieval in Practice"*[10] に詳しい解説があります．また，前者には様々な評価方式や評価用に作成されたデータセットであるテストコレクションについての解説もあります．

5 情報推薦システムと情報配信

5.1 情報推薦とは

　検索エンジンを用いた情報検索のようにユーザが自ら情報を取得する能動的な情報取得行動に対して，システムやサービス側から自動的に情報を提供するシステムの仕組みについて考えてみましょう．現在，Web 上では書籍・楽曲をはじめ様々な商品を扱うオンラインショッピングサイトやサービスが提供されています（図 5.1）．これらのサイトやサービスを使用すると「この○○を買った人は△△や□□を買っています」というフレーズが表示されることがよくあります．これはどのように実現されているのでしょうか？

　商品や音楽・映像メディア，あるいはデータなど推薦の対象となるアイテムをユーザに薦めることを**情報推薦 (レコメンデーション：recommendation)** と呼びます[♠1]．日々，急速に増加している情報をすべてユーザ自ら検索して取得することは困難です．このような場合に役に立つのが**情報推薦システム**です．情報推薦システムには，アイテムの内容（色や大きさ，価格など）に基づく**内容ベースフィルタリング (content-based filtering)** と，他のユーザのア

[♠1] 推薦の対象となるアイテムとは，具体的にはオンラインショッピングサイトの商品，音楽サイトの楽曲やアルバム・アーティスト，あるいは動画配信サービスにおける映画やビデオ映像などです．

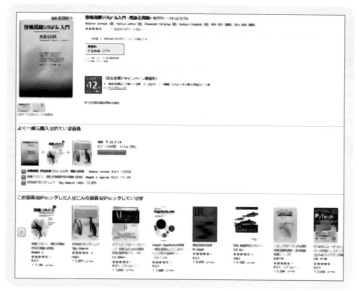

図 5.1 情報推薦システムの例

（「よく一緒に購入されているアイテム」や「このアイテムをチェックした人
がよくチェックしているアイテム」などのリストが表示されている）

イテムに対する評価を用いた**協調フィルタリング**（**collaborative
filtering**）があります．協調フィルタリングは実社会での“口コ
ミ”と似ています．すなわち，アイテムそのものを評価するのでは
なく，ユーザと評価（嗜好）が近いユーザの評価が高いものを推薦
するというものです．これをシステムやサービスで実現したものが
協調フィルタリングです．

5.2 内容ベース推薦

5.2.1 ユーザプロファイル

ユーザの興味や評価などを表現するために**ユーザプロファイル (user profile)** を用います．このユーザプロファイルと推薦対象となるアイテムの特徴を比較することで，アイテムを推薦するかしないかを決定します．ユーザプロファイルの作成方法としては，ユーザがどのアイテムに興味があるかを蓄積しておくことで，それらを統合して作成する方法が用いられています．

例えば，商品の色や大きさ，価格などの特徴量を要素とするベクトルを用いてユーザプロファイルを決定します．ユーザプロファイルは様々な形式のものが提案されており，ユーザの年齢や性別，住所などのユーザ自身のデータを蓄積するものもあれば，先程述べたユーザの興味のあるアイテム集合から抽出した特徴量など，推薦対象やアプリケーションにより異なるモデルが使用されています．

5.2.2 内容ベースフィルタリング

内容ベースフィルタリングでは，推薦の対象となるアイテムの内容を表す特徴量とユーザプロファイルを比較することで，類似度が高いものを推薦する方法が用いられています．

この方法では，ユーザが興味を持ったアイテムの選択履歴などを用いて推薦を行いますので，ユーザの嗜好に近いものが抽出されます．しかしながら，興味を持つ可能性があるにもかかわらず，ユーザ自身が知らない未知のアイテムを推薦することはできません．

5.3 協 調 型 推 薦

5.3.1 協調フィルタリングによる推薦

　内容に基づく推薦とは異なり，他のユーザのアイテムに対する評価を用いる推薦方式を**協調フィルタリング**（collaborative filtering）と呼びます[♠2]．この推薦方式は，「似た嗜好（しこう）を持つユーザ同士は同じアイテムを好む」という考え方を基にしています．これは，あるユーザと嗜好が似ている人を探すことにより，類似ユーザが持っているアイテムの中で当該ユーザが持っておらず，且つアイテムの評価が高い場合に，そのアイテムを推薦するというものです．このようなことは実社会にもよくあることではないでしょうか？同じ音楽やファッションが好きな人同士は，同じアーティストや同じブランドが好きなことがよくあります．また，嗜好が同じ人のアドバイスは役に立つことが多いと感じられます．

　例えば，図 5.2 に示すように，ユーザ x とユーザ y の購入履歴を

図 5.2　実社会における口コミ

[♠2]**社会的フィルタリング**（social filtering）と呼ばれることもあります．

用いて，ユーザ z に次に推薦すべきアイテムは何が良いかを考えてみましょう．まず，ユーザ z に対してユーザ x とユーザ y のどちらの方が嗜好（しこう）が似ているでしょうか？　この場合は，ユーザ z の購入アイテム（D, A, B）と似ているのはアイテム（B, C, A, D）を購入しているユーザ x です．また，ユーザ x はユーザ z が購入していないアイテム C を持っていますので，ユーザ z に対してはアイテム C を推薦すべきであると考えられます．このような仕組みのサービスを提供するにはどうすればよいかを考えてみましょう．

5.3.2 協調フィルタリングの仕組み

協調フィルタリングの手順は，以下の 3 つのステップから構成されています．

(1)　すべてのユーザの評価（嗜好）を蓄積

(2)　ユーザ間の類似度を計算

(3)　他のユーザの評価を利用してアイテムを推薦

ユーザ評価

ユーザの嗜好をシステムに蓄積します．この時，評価の度合いを付与してユーザの評価値とします．例えば，あるアイテム（推薦対

表 5.1　ユーザのアイテム評価

アイテム / ユーザ	太郎	花子	次郎	桃子
A	1	4	2	2
B	5	2	4	4
C			3	
D	2	5		5
E	4	1		1

象）に対して評価の低いものから高いものへ，1 から 5 の 5 段階で
ユーザが評価値を付けたとしましょう．表 5.1 は A から E の 5 つ
のアイテムに対して，4 人のユーザが評価を付与した例を示してい
ます．値がないところは，ユーザがそのアイテムに対して未評価で
あることを示しています．一般的に，ショッピングサイトで扱う商
品数は数億とも言われていますので，実際には未評価のところが多
数あることになります．

ユーザ間の類似度

　各ユーザ間の類似度，すなわち，あるユーザと他のユーザの嗜好
の度合いを求めます．例えば，太郎と花子の類似度，太郎と次郎の
類似度などです．この場合，太郎と一番類似度の高いユーザ，および
低いユーザは誰か分かりますか？　表 5.1 の評価値を見て考えてみ
てください．後ほど計算方法を説明しますが，この場合，一番高いの
は次郎で，一番低いのは花子となります．直観的に言うと，太郎のア
イテム A の評価値（太郎$_A$）は低く，（次郎$_A$）も低くなっています．
一方，アイテム B の評価値（太郎$_B$）と（次郎$_B$）はともに高くなっ
ています．すなわち，太郎と次郎の好みの傾向が似ていることが
分かります．このような場合にユーザ間の類似度は高くなります．

　一方，アイテム A に対する太郎の評価（太郎$_A$）は低いのに対し
て花子の評価（花子$_A$）は高くなっています．また，アイテム B に
対する太郎の評価（太郎$_B$）は高いのに花子の評価（花子$_B$）は低く
なっています．このように，評価の高低が逆になっている場合には
ユーザの類似度は低くなります．

　次に，ユーザ間の類似度を計算する方法について説明します．ま

ず，各ユーザの評価の平均値を求めます．ユーザによって，すべてのアイテムに対して高めに評価するユーザと，すべてについて低く（厳しく）評価するユーザがいますので，各ユーザの評価の平均を求めることでそのユーザが高めに評価するユーザか，低めに評価するユーザかが分かります．これにより，たとえ同一アイテムに同じ評価を付けていたとしても，そのユーザの平均値と比べることで，そのユーザが高く評価しているのか低く評価しているのかが分かります．

例えば，ユーザ X の評価の平均値が 2，ユーザ Y の評価の平均値が 4 としましょう．この場合，あるアイテムに対してユーザ X とユーザ Y が同じく 3 と評価した場合でも，ユーザ X にしては高めに評価している，またユーザ Y としては低めに評価していることが分かります．ここで，各ユーザの平均値と各評価値の差を**偏差**と呼びます．

$$偏差 = 評価値 - 平均値 \tag{5.1}$$

表 5.1 の例で，太郎と花子の類似度を求めてみましょう．まず，各ユーザの平均値を求めます．太郎の評価は{1, 5, 2, 4}，平均値は $\overline{太郎} = 3.0$，花子の評価は{4, 2, 5, 1}，平均値は $\overline{花子} = 3.0$ となります[♠3]．この平均値を用いて偏差を算出することで類似度が求まります．式 (5.2) でユーザ X とユーザ Y の類似度を計算します．

$$r_{X,Y} = 類似度_{\{X,Y\}} = \frac{\Sigma_i 偏差_{X_i} \times 偏差_{Y_i}}{\sqrt{\Sigma_i (偏差_{X_i})^2} \sqrt{\Sigma_i (偏差_{Y_i})^2}}$$
$$= \frac{\Sigma_i (X_i - \overline{X}) \times (Y_i - \overline{Y})}{\sqrt{\Sigma_i (X_i - \overline{X})^2} \sqrt{\Sigma_i (Y_i - \overline{Y})^2}} \tag{5.2}$$

[♠3]平均値を計算する場合，類似度を計算するユーザのどちらも評価しているアイテムの値のみを使用します．例えば，花子と次郎の類似度を求める場合は，花子の{4, 2, 5, 1}と次郎の{2, 4, 4}を用いるのではなく，どちらも評価しているアイテム A とアイテム B の値として花子は{4, 2}を，次郎は{2, 4}を用います．

　類似度は −1.0 から 1.0 の値をとり，1.0 の場合は最も似ている，−1.0 の場合は最も似ていないことになります．なお，0.0 に近い場合は嗜好(しこう)の傾向がばらばらで関係がないということになります．

　表 5.1 の例では，太郎と桃子の類似度が 0.0 になっています．アイテム A に対する太郎の評価（太郎$_A$ = 1）と桃子の評価（桃子$_A$ = 2），およびアイテム B に対する太郎の評価（太郎$_B$ = 5）と桃子の評価（桃子$_B$ = 4）は同じ傾向を示しています．これに対して，アイテム D に対する太郎の評価（太郎$_D$ = 2）と桃子の評価（桃子$_D$ = 5），およびアイテム E に対する太郎の評価（太郎$_E$ = 4）と桃子の評価（桃子$_E$ = 1）は逆の傾向を示しています．このように評価の傾向が全体的に同じでない場合は，類似度が 0.0 付近となります．

　太郎と花子の類似度の値は式 (5.3) のようになります．類似度は −0.8 となり，太郎と花子の類似度は低く似ていないことが分かります．

$$\text{類似度}_{\{太郎, 花子\}} = \frac{\Sigma_i(太郎_i - \overline{太郎}) \times (花子_i - \overline{花子})}{\sqrt{\Sigma_i(太郎_i - \overline{太郎})^2}\sqrt{\Sigma_i(花子_i - \overline{花子})^2}}$$
$$= \frac{(1-3) \times (4-3) + (5-3) \times (2-3) + (2-3) \times (5-3) + (4-3) \times (1-3)}{\sqrt{(1-3)^2 + (5-3)^2 + (2-3)^2 + (4-3)^2} \times \sqrt{(4-3)^2 + (2-3)^2 + (5-3)^2 + (1-3)^2}}$$
$$= \frac{(-2) \times 1 + 2 \times (-1) + (-1) \times 2 + 1 \times (-2)}{\sqrt{10} \times \sqrt{10}} = \frac{-8}{10} = -0.8 \tag{5.3}$$

　同様にすべてのユーザ間の類似度を計算すると，図 5.3 のようになります．

5.3.3　評価の予測

　ユーザはすべてのアイテムを評価しているわけではないことは先に述べました．すなわち，いくつかの評価値は欠損しているわけで

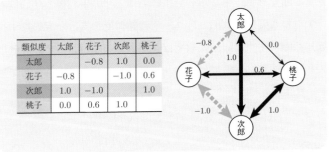

図 5.3 ユーザ間の類似度

す．この欠損した評価値を予測して計算する方法について説明します．ユーザ X のアイテム α の評価予測値 X_α は式 (5.4) となります．ここで，$\overline{X}$ はユーザ X の平均値，$r_{X,J}$ はユーザ X とユーザ J の類似度です．

$$X_\alpha = \overline{X} + \frac{\sum_{J \in User}(J_\alpha - \overline{J})r_{X,J}}{\sum_{J \in User}|r_{X,J}|} \tag{5.4}$$

例として，未評価である次郎のアイテム E に対する評価予測値（次郎$_E$）を求めてみましょう．まず，次郎のすべての評価済みアイテムの評価値の平均を求めます．次郎の評価値は{2, 4, 3}ですから平均値は 3.0 になります．この平均値は次郎の評価の基準となる値です．一方，アイテム E を既に評価しているユーザは，太郎，花子，桃子の 3 人です．先程求めた次郎の評価の基準である平均値を基準に，この 3 人の評価を加味することで，最終的な次郎の評価予測値を求めます．

式 (5.5) は次郎のアイテム E に対する評価予測値です．第 1 項は次郎の平均値（$\frac{2+4+3}{3} = 3.0$），第 2 項は太郎，花子，桃子の評価を

加算する部分です．第 2 項の分子は各ユーザの平均値と評価値との差，すなわち偏差に次郎と各ユーザの類似度を掛けたものをすべて加算しています．直観的に言えば，類似度が高いユーザの評価はプラスとして加算し，類似しないユーザの評価はマイナスとして加算しています．

次郎$_E$

$= $ 次郎の平均値 $+$

$$\frac{偏差_{[太郎_E]} \times 類似度_{\{次郎, 太郎\}} + 偏差_{[花子_E]} \times 類似度_{\{次郎, 花子\}} + 偏差_{[桃子_E]} \times 類似度_{\{次郎, 桃子\}}}{|類似度_{\{次郎, 太郎\}}| + |類似度_{\{次郎, 花子\}}| + |類似度_{\{次郎, 桃子\}}|}$$

$$= 3.0 + \frac{(4-3.0) \times 1.0 + (1-3.0) \times (-1.0) + (1-3.0) \times 1.0}{|1.0| + |-1.0| + |1.0|}$$

$$= 3.0 + \frac{1.0}{3.0} = 3.3 \tag{5.5}$$

オンラインショッピングサイトのサービスでは，あるユーザの評価や購買履歴を蓄積し，そのユーザと他のユーザの類似度に基づいて，ユーザの未購入アイテムの中で評価予測値の高いものから順に「おすすめ」として推薦されることになります．

表 5.2 アイテム評価予測値

アイテム / ユーザ	太郎	花子	次郎	桃子
A	1	4	2	2
B	5	2	4	4
C			3	
D	2	5	2.7	5
E	4	1	3.3	1

表 5.2 に 次郎$_D$，次郎$_E$ の評価予測値（ボックス）を示しています．推薦システムは，この値を基に推薦しており，例えば，次郎に

対しては未評価の D と E のどちらを推薦するかはこの値を基にしています．この場合，E の評価値が 3.3 であり，D の 2.7 より高いこと，さらに次郎の平均値 3.0 よりも高いことから「次郎へのおすすめはアイテム E」であることになります．

=== コラム ===

「情報推薦システムは万能か？」

　協調フィルタリングがうまく働かない事例をご紹介しましょう．これは著者の実体験です．著者には本書以外にもいくつかの情報検索や情報推薦に関する著作があります．また，オンライン書籍購入サイトでこれらの分野に関する書籍を時々チェックしています．ある時，購入サイトから著者宛にメールが届きました．そこには，お薦めの書籍がいくつかリストアップされていました．その中に，なんと著者自身の著作が含まれていました．大変驚くとともに協調フィルタリングの「弱点」を見たように感じました．

　既に述べたように，協調フィルタリングはアイテムがどのような内容であるかについては一切考慮せず，同じような興味を持つユーザのアイテム選択の履歴を基に，推薦するアイテムを決定しています．このためにユーザに対してユーザ自身の著作を推薦してしまうというような奇妙なことが起こるわけです．別の見方をすれば，ユーザの興味に最も近いアイテムを推薦しているのですから，協調フィルタリングの仕組み自体はうまく機能しているとも言えます．ただし，自身の著作は決して購入することがないわけですから，購入促進の手法としては優れたサービスとは言えないかもしれません．

　このように，情報推薦システムにも使用している方式による限界はあるわけですから，特性を理解した上で利活用することが必要であると考えられます．

5.4 情報配信サービス

5.4.1 プッシュ型情報配信サービス

現在，情報システム・サービスから様々な情報推薦によるデータが配信されています．例えば，スマートフォンのニュースアプリ上で自分の好きなアーティストに関する新しい記事が掲載されたら通知される，興味を持った銘柄の株価を毎日チェックして一定以上の変動がある場合にはアラートが届く，あるいは，指定した地域の天気予報について雨量が指定した値を超えた場合に警報が表示されるなど検索エンジンを用いて自ら検索を行わなくても，自動的に情報が配信されるサービスが数多く使用されています．他にも，スポーツの試合結果，交通情報など様々な情報をリアルタイムに取得することが可能です．このように，あらかじめどのような情報を取得したいかを指定しておく仕組みを，**出版-購読モデル** **(publish-subscribe model)** ♠4 と呼びます．

このようにユーザが検索行動を行わなくてもサービス側からパソコンやスマートフォンに情報が届くため，システム側（サーバ）からユーザ側（クライアント）へ自動的に配信されているように見えます．このようなサービスのことを**プッシュ型情報配信サービス**と呼びます．しかし，じつはスマートフォンなどのクライアント側のソフトウェア（アプリ）が定期的に検索要求を出すことで，ユーザにはあたかもサーバから自動的に情報が送られてきたように見せる仕組みを用いています．**プッシュ型情報配信**の反対は，**プル型情報**

♠4「雑誌をあらかじめ指定して定期的に購読する」という手順に似ているため，このように呼ばれます．

配信と呼ばれています．情報が「押し出される（プッシュ）」のに対して，情報を「引き込む（プル）」という意味です．図5.4は，プル型情報配信とプッシュ型情報配信を示しています．

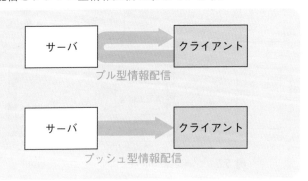

図 5.4　プル型情報配信とプッシュ型情報配信

　ここで，**サービス**と**システム**について考えてみましょう．サービスとはユーザに提供される機能のことです．例えば，ユーザから見たスマートフォンのアプリの機能に相当します．一方，システムとはある方式を実現したソフトウェア（ハードウェアがある場合はそれを含む）のことです．例えば，スマートフォンのアプリの内部動作のことです．プッシュ型情報配信の説明のところで，プッシュ型情報配信サービスについて述べましたが，これは「サービス」についての説明です．例えば，天気予報のアプリはユーザから見ると，自動的に警報を押してくれる機能を持ったサービスであると捉えられます．しかし，このプッシュ型情報配信サービスを実現するアプリの内部動作は，プル型情報配信システムとして動作しています．すなわち，プッシュ型情報配信サービスを実現するために，アプリ内部ではプル型情報配信の仕組みが使われています．

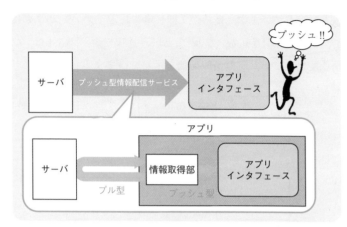

図 5.5　プッシュ型情報配信サービスの仕組み

　図 5.5 は，プッシュ型情報配信サービスとそれを実現しているアプリ（システム）の仕組みを示しています．ユーザには，サーバから自動的に情報が配信され，アプリインタフェースに表示されるように見えています．しかし，実際にはアプリ内部の情報取得部が定期的にサーバに情報を問い合わせ，ユーザが必要であると判断された情報がアプリインタフェースに送付されてユーザに通知されています．どれくらいの頻度で情報取得部から問い合わせを行っているかは，アプリの種類や設定によって異なります．例えば，天気予報アプリであれば 30 分ごとに，ニュースアプリであれば数時間ごとになど，コンテンツの種類やユーザの設定などによって異なる設定となっています．なお，情報取得部はユーザが設定した間隔よりも短い間隔でサーバにプル型で問い合わせる必要があります．情報配信サービスを実現するためには，いくつかの情報配信の種類のシステムや手法を組み合わせる必要があります．次項では，情報配信の

種類について説明します.

5.4.2　情報配信の分類

　情報配信を分類するための特性には3つの観点があります. これらの観点は直交していますので, 組合せとしては8種類に分類されます (図5.6).

(1)　プル型とプッシュ型
(2)　周期的と非周期的
(3)　ユニキャスト型と 1-to-N 型

まず, プル型とプッシュ型についてですが, プル型配信は前項でも述べたようにサーバに対してクライアントから要求があった場合に, その要求に対して処理を行う**サーバ／クライアントモデル**に基づく方式です. 一方, プッシュ型配信はサーバからクライアントに対して自動的に配信を行う方式のことです.

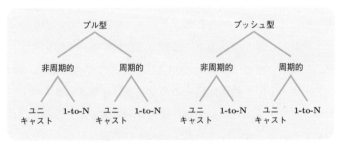

図 5.6　情報配信方式の分類

　次に, 周期的と非周期的についてですが, **周期的配信 (periodic)** はあらかじめ決められた時間間隔によりサーバからクライアントへ配信が行われる仕組みです. 一方, **非周期的配信 (aperiodic)** は**イベント駆動 (event driven) 型**です. 非周期的プル型配信では,

ユーザの要求により配信が行われます．また，非周期的プッシュ型配信ではデータの更新のタイミングで配信が行われます．周期的配信と非周期的配信の差を，株価情報アプリの例で説明すると，1 時間ごとや 1 日ごとに定期的に株価が送られてくるのが周期的配信です．一方，ある銘柄の株価に変動があった場合にのみその株価が送られてくるのが非周期的配信です．

　最後に，ユニキャスト型と 1-to-N 型ですが，**ユニキャスト型配信（unicast）**はサーバから特定された 1 つのクライアントへの配信です．一方，**1-to-N 型配信**は複数のクライアントへの同内容の配信です．1-to-N 型には 2 つのタイプがあります．**マルチキャスト（multicast）型**と**放送（broadcst）型**です．マルチキャスト型は**特定多数**のクライアントに同一内容を配信（multicast）するのに対して，放送型は**不特定多数**のクライアントに対して配信（broadcast）を行います．地上波や衛星テレビ放送などがこの配信方式を用いています．すなわち，サーバ（放送局）はどのクライアント（テレビなどの受信端末）に対して配信するかを特定せずに電波を送付し，クライアントは受信条件に応じて受信します．また，インターネットでの**動画配信**もこのタイプに分類されます．

　マルチキャスト型と放送型は，課金サービスを考える場合は区別する必要があります．すなわち，すべての受信者が分かっているマルチキャスト型では個別の課金が可能です．一方，放送型では **CA（Conditional Access）**という仕組みを用いています．すなわち，配信する電波は暗号化された**スクランブル放送**の仕組みを用いています．これは，暗号化された電波を不特定多数に配信して，契約し

た端末のユーザのみに鍵を渡してスクランブルを解かせる方式[5]
です.

5.4.3 情報配信の種類

前項で説明した配信の特性のうち,プル型配信とプッシュ型配信,
および周期的と非周期的の2種類の組み合わせによる4つの基本的
な配信方法を紹介します.

(a) 周期的プル型

定期的な情報要求を用いるアプリやソフトウェアで用いられて
います.温度や湿度を定期的に観測するサービスなどで用いられ
ます.また,パソコンやスマートフォンのプッシュ型情報配信サー
ビスのアプリにおいては,アプリ内の情報取得部から一定間隔で
取得要求を出す際にこの周期的プル型が用いられています(図5.5
参照).

(b) 非周期的プル型

サーバに対してクライアントが情報取得要求を出す際に用いられ
ています.ユーザが検索エンジンを用いて検索する場合などはこの
非周期的プル型です.ユーザが検索エンジンを使うのは一定間隔ご
とではなく,また検索結果が定期的に表示されることはありません.

(c) 周期的プッシュ型

定期的に情報やデータを送信するシステムで用いられます.テレ
ビ放送におけるデータ放送の送出システムにはこの周期的プッシュ

---

[5]例えば,デジタル放送では**B-CASカード**を利用して,有料チャンネルの契約
者のみが鍵を使ってスクランブルを解き視聴する仕組みが導入されています.

型配信が用いられています．短い間隔で何種類かの情報やデータを連続的に何度も送出し，クライアント（受信機側）ではユーザが必要とされるデータが受信されるまで待機します．例えば，近畿地方の天気予報をデータ放送で見る場合は，大阪・京都・兵庫・奈良・滋賀・和歌山の順にデータが何度も連続的に周期的に送付されます．ユーザが奈良のデータを欲しい場合は，奈良のデータが配信されるまで待ってからデータを取得します．図 5.7 のように，同じデータの組を送付するため，データが円形に回転するように見えるので**データカルーセル（data carousel）**と呼ばれます[♠6]．

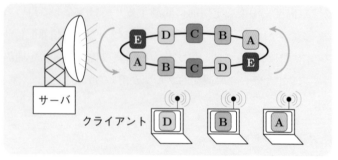

図 5.7 データカルーセル

(d) 非周期的プッシュ型

前項で説明した，出版-購読モデルに基づくアプリで用いられています．ユーザはプロファイル（住所や年齢などの個人情報や興味のあるニュースカテゴリなど）をあらかじめ設定して，条件が合致した場合にサーバから情報が配信される仕組みです．

[♠6]カルーセルとは回転木馬のことであり，データが回転しているように見えるためこのように呼ばれます．

●さらに詳しく学びたい方へ

　情報推薦の入門書として，*"Recommender Systems: An Introduction"*[1) の日本語訳である **「情報推薦システム入門：理論と実践」**[13) が情報推薦システムを体系的に学ぶために適しています．内容ベースフィルタリングや協調フィルタリングの手法に関しても詳しい解説があります．また，**「情報アクセス技術入門」**[15) のソーシャル検索のところにも説明があります．さらに，協調フィルタリングの原著論文♠7 も参照することをお勧めします．本書の説明もこの論文の手法をベースにしています．

　プッシュ型情報配信サービスや放送型情報配信システムについてさらに詳しく学びたい場合は，**「放送型情報配信のためのモデルとシステム」**[7) が適しています．この論文は様々な情報配信技術に関するサーベイ論文です．また，情報配信のモデルとシステムの体系的な解説論文♠8 もお薦めします．

♠7 *"GroupLens: an open architecture for collaborative filtering of netnews"*[2)

♠8 *"Data in your face: push technology in perspective"*[3)

6 Web検索と社会

6.1 検索キーワード分析

　日々の生活で検索エンジンに入力されるキーワードの数は膨大です. また, 入力されるキーワードは数百億種類であるとも言われています. 検索エンジンに入力されるキーワードを分析することで社会における動向を把握することができます. すなわち, 人々が何について知りたいのかを分析することで, 副次的に社会の要求を知ることが可能となるということです. 検索エンジンには, いつ, どこで, どのようなキーワードが入力されたかという**クエリログ (query log)** という履歴データが蓄積されています. このようなクエリログを検索するために, **Google トレンド (Google trends)**♠1 と呼ばれるツールが提供されています♠2.

　Google トレンドは Google 社から提供されている種々のサービスの1つで, あるキーワードの検索回数を時系列でグラフ表示するものです. 図6.1は, Google トレンドの画面イメージを示しています. 調べたいキーワード (この例では, 「阪神タイガース」と「読売ジャイアンツ」) を入力すると, 指定した期間における検索数やそ

♠1https://trends.google.co.jp/trends/
♠2他のユーザの検索キーワードを「検索」することになります.

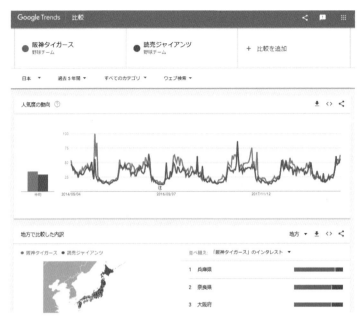

図 6.1　Google トレンドの画面イメージ

データソース：Google トレンド（https://www.google.com/trends）

のキーワードが検索された場所に関する情報がグラフや地図で示されます。図 6.2 は，「祇園祭，天神祭」および「nobel prize」の約 5 年間の検索回数をグラフで示したものです。祇園祭と天神祭はともに初夏に開催されるお祭りですので，毎年その頃に検索回数がピークを迎えているのが分かります。また，ノーベル賞は，毎年 10 月頃に発表されますので，この頃の検索回数が最も多くなっています。

図 6.3 は，魚のキーワード「鯛，秋刀魚，鮎」の検索回数のグラフを示しています。秋刀魚は秋頃，鮎は初夏，鯛は一年中ほとんど変わらず検索されていることが分かります。ここで注意しなければな

らないのは，このグラフは実世界の魚の生息数や漁獲量ではなく，
人々がその魚のキーワードをいつ検索したかというサイバースペー
ス上での概念を定量的に示していることです．

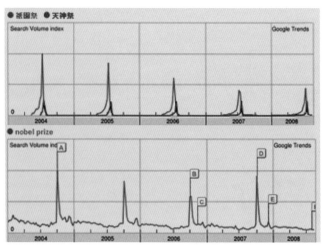

図 6.2 キーワード検索数の時系列グラフ

データソース：Google トレンド（https://www.google.com/trends）

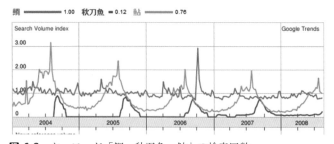

図 6.3 キーワード「鯛，秋刀魚，鮎」の検索回数

データソース：Google トレンド（https://www.google.com/trends）

　図 6.4 は，キーワード「うなぎ，土用」の検索回数のグラフです．
検索のピークがほぼ 7 月下旬頃になっていることが分かります．日
本では「土用の丑の日」に鰻を食べる習慣があります．このため，
検索キーワードとしての「うなぎ」と「土用」には強い相関関係が
あるわけです．なお，実世界のウナギの生息数が 7 月下旬にピーク
を迎えるということではなく，あくまでも概念的なものであること
に注意が必要です．このため，「うなぎ」ではなく，ウナギの英語名
である「eel」で試してみると平坦なグラフが示されます．これは，
初夏に鰻を食べるという習慣が日本でのみ多く見られることを示し
ています．

　さらに，検索キーワードの検索された場所を分析することで，ど
の地域でどのキーワードに注目しているかが分かります．図 6.5
は，「うどん，そば」がどの地域（都道府県単位）で多く検索され
たかを示したものです．西日本ではうどんを多く検索しているのに
対して，東日本ではそばを多く検索していることが分かります．

　また，キーワード「new year」で検索した結果（図 6.6）を見る

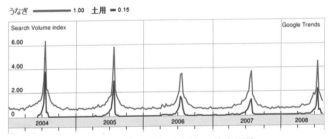

図 6.4 キーワード「うなぎ，土用」の検索回数

データソース：Google トレンド（https://www.google.com/trends）

と，ピークが 2 つあります．これは，1 月 1 日の新暦の正月と旧暦
の正月を使う地域（国）があることからこのような検索数となると
考えられます．また，新暦と旧暦を使用する割合は，このグラフか
ら見ると新暦の方が多いという分析も可能です．

図 6.5　地域性の例（「うどん（青色），そば（黒色）」）
データソース：Google トレンド（https://www.google.com/trends）

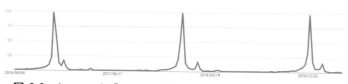

図 6.6　キーワード「new year」の検索回数
データソース：Google トレンド（https://www.google.com/trends）

━━ コラム ━━

父の日と母の日

図 6.7 は,「father's day, mother's day」の検索回数を示しており, 父の日と母の日の社会的認知度を示していると考えられます. このグラフを見て何か気付くことはないでしょうか？ (筆者も父親なので, あまり認めたくはないのですが....) 明らかに「母の日」の方が多く検索されていることが分かります. しかも, 母の日のピークの前に, 少し小さいピークがあることも分かります. これは, 母の日のプレゼントを選ぶための検索行為ではないかと考えられます. しかし,「父の日」にはこの直前のピークがほとんどありません！ 一方, 父の日の後にわずかな増加があるのが分かります. かなり穿った見方かもしれませんが, これは「父の日っていつだったっけ？ もしかしてもう過ぎたのかも？」という (父親としては何とも悲しい) 状況を示しているのかもしれません. このように, 検索キーワード分析によって社会の様々な事象を調べることが可能です. 時として,「父の日」のように知りたくない結果もありますが.

【後日談】 上記のように悲しい気持ちでデータを眺めていたのですが, 日本語の「父の日, 母の日」で調べたところ, 小さいピークは見られませんでした. どうやら海外の国々では日付が日本とは異なるらしく, 英語ではこれらに影響されていることが分かり少し安心しました. しかし, 日本語のキーワードでも明らかに「母の日」の検索数の方が多いことに変わりはありませんでしたが....

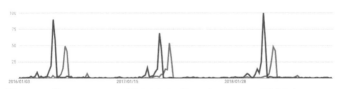

図 6.7　「father's day（青色）」と「mother's day（黒色）」

データソース：Google トレンド（https://www.google.com/trends）

6.2 Web アーカイブ

以前は閲覧可能であった Web ページが削除されたり変更されたためにアクセスできなくなったという経験はないでしょうか. 通常, 削除されたページや変更された情報にはアクセスできません. しかし, 公開されたページを保存しておいて, 後から検索・閲覧できる **Web アーカイブ (Web archive)** というサービスがあります. このサービスを用いれば, ページの URL と時期を指定してページを閲覧することが可能です.

代表的なシステムとしては**インターネットアーカイブ (Internet archive)** が 1996 年から提供している **Wayback Machine**[3], 国内の Web ページを対象として 2002 年から国立国会図書館が運営している**インターネット資料収集保存事業 (WARP)**[4]があります.

Wayback Machine で過去のページを検索するためには, まず閲

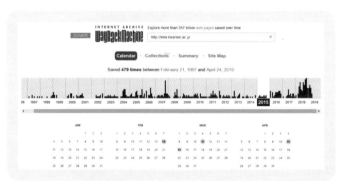

図 6.8 過去の Web ページ一覧

[3]https://archive.org/web/
[4]http://warp.da.ndl.go.jp/

覧したいページの URL を入力します．図 6.8 は，関西学院大学の
URL（www.kwansei.ac.jp）を入力した結果です．過去のページが
蓄積されている日付の一覧が表示されます．年と日付をクリックす
るとその時点でのページが表示されます．図 6.9 の上側は 2001 年
1 月，下側は 2018 年 1 月のページが表示されている画面イメージ

図 6.9　2001 年 1 月と 2018 年 1 月の Web ページ

です．当時のサイトのすべてのページが蓄積されていますので，過去のページのリンクをクリックするとその時点での他のページへ移動することも可能です．

ここで注意しなければならないことは，過去の Web ページが自動的に蓄積されていていつでもアクセス可能な便利なサービスが提供されるというメリットがある一方，一度公開したページは削除したとしても記録されているということです．Web への情報発信は手軽であり，様々な情報を社会に発信することが可能ですが，アーカイブされ永続的に保存されるということも理解した上で利用することが重要です．

6.3 Web 情報の信頼性

Web ページから得られる情報量は大きく，有用な情報を得られることが多いと考えられます．しかしながら，様々な情報が得られる一方，情報の質，特に信頼性についてはその情報を利用する際には充分な検証が必要です．米国スタンフォード大学の B.J.Fogg（心理学）は，**情報の信頼性（credibility）**を判断する指標として，情報の**信用性（trustworthness）**と**専門性（expertise）**の 2 つに着目しています．信用性とは社会からどれくらい評価され支持されているかの度合いであり，専門性とは科学的にどれくらい正確であり専門的であるかの度合いです．なお，信用性と専門性は，情報そのものに対してだけでなく，その情報の発信者に対しても適用される概念です．

ここで，Web 情報の信頼性について考えてみましょう．英国ノー

表 6.1 Web サイトの信用性[8]

	信用性	専門性
向上	「提供組織の所在地」，「連絡先・メールアドレス」，および「引用や参照を含む記事」を掲載	ユーザの問い合わせへの迅速な回答，確認メールの送付，著者・肩書を明示，過去のコンテンツが検索可能，情報が適宜更新
低下	広告との区別が困難，信頼性の低い他のサイトへのリンク，ドメイン名と組織名の不一致	情報の更新が少ない，機能しないリンク（リンク切れ）の存在，誤植の存在

ザンブリア大学の E. Sillence（心理学・コミュニケーション技術）らは，Web 上の医療情報サイト数万件について調査し，その約半数が専門家によるチェックを受けていないことを指摘しています．このことは Web の信頼性は利用者が考えているほど高くなく，危険性を孕んでいることを示しています．B.J. Fogg は Web サイトの信頼性について，信用性と専門性のそれぞれを向上させる要素と低下させる要素として，表 6.1 に示す事項を挙げています．

京都大学の田中克己（社会情報学）らは 2010 年に，テレビやラジオ，新聞や雑誌などのマスメディア，および SNS や口コミなどのソーシャルメディアと，Web サイトや検索エンジンの利用頻度と信頼度に関するインターネット定量調査を行っています．その調査では，以前に比べて Web サイト，検索エンジン，Wikipedia や質問応答サイト（QA サイト）に対して利用者が比較的高い信頼感を示していることが報告されています．なお，公益財団法人 新聞調査会の 2018 年度の報告結果[♠5]（図 6.10，図 6.11）では，メディアの信頼度は NHK

[♠5]https://www.chosakai.gr.jp/project/notification/

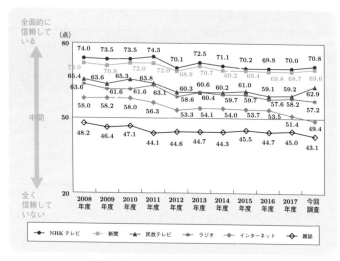

図 6.10　各メディアの情報信頼度

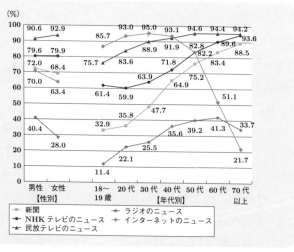

図 6.11　ニュースとの接触状況（性別・年代別）

テレビ，新聞，民放テレビ，ラジオ，インターネット，雑誌の順で高いことが示されています．ただし，各メディアの信頼度が低下傾向にあることと，インターネットの情報の信頼度が約 50% と低いレベルであることも報告されています（図 6.10）．また，ニュースとの接触状況に関しては，インターネットが 40 代以下ではトップであるが，それ以上の年代になると急激に低下し 70 代以上では最下位になっていることが報告されています（図 6.11）．

　今後は，Web 情報のみでなく，マスメディアやソーシャルメディアなどの他のメディアを含めた情報の信頼性を考える必要があると考えられます．

●さらに詳しく学びたい方へ

　検索キーワード分析に関しては，検索エンジンの入力キーワードと社会現象を事例ベースに検証した**「ビッグデータ探偵団」**[20] が参考となります．新社会人が入社後の 4 月，5 月，6 月に検索するキーワードは何か？，インフルエンザ患者数を検索キーワードで予測できるか？ など社会生活と Web の関わりについての実験的なトピックが扱われています．

　Web 情報の信頼性については，**「情報デザイン」**[17] に体系的な解説があります．また，**「実験心理学が教える人を動かすテクノロジ」**[8] では，Web サイトの信用性について，心理学的アプローチに基づいて詳しく述べられています．

あとがき

　執筆依頼をお茶の水女子大学の増永良文名誉教授から頂いた際に，本ライブラリの刊行目的がコンピュータと Web のリテラシ教育のためのものであるということをお伺いし，大変共感いたしました．じつは，このような目的で作られた適切な入門書がほとんどないということに関して，私も日頃から思案しておりました．私自身，大学の文理融合学部で学部低学年向けの「Web のリテラシ」を内容とする科目を担当しており，トピックごとにスライドなどを用いて講述するというスタイルで講義を行ってきましたが，トピック全体を概観したテキストを切望していました．また，理工系の専門書スタイルの教科書ではなく，読み物的なスタイルの入門書の需要はかなりあると考えていました．本ライブラリはまさにこれに応えるものであり，本書の位置付けもこれに基づくべきであると思いました．

　本ライブラリは小中高生へのリテラシ教育に使用することを想定しています．小中高校の教職員や保護者が本書により Web に関する知識を身につけることにより，生徒の理解が促進されることを期待しています．また，本書は大学の学部低学年の入門科目や文系学部・大学院の専門基礎科目の教科書や参考図書として使用することも想定していますので，厳密な定義よりも直観的な理解に重きを置いています．正確な理論の展開やデータの処理について，さらに深く学びたい場合は参考文献リストを参照して，より専門性の高い書籍や文献にあたってください．

　本書の内容や構成を決める際には，京都大学大学院情報学研究科の加藤誠先生（現，筑波大学准教授）と山本岳洋先生（現，兵庫県

立大学准教授）と何度も議論しました．両先生も，大学院の専門基礎科目において，学部で情報科学を専門としなかった学生向けの教材について検討されており，読み物的な入門書と教科書的な入門書の両方が必要であるとの認識をお持ちでした．そこで，入門書と教科書について，それぞれの対応関係も含めて検討を重ねました．入門書として，本書では数多くのトピックの中から本質的なもののみを抽出し，重要ではあるがやや専門的なトピックについては割愛しました．

　このような貴重な機会を与えて頂いた増永先生に心より感謝申し上げます．先生には，執筆内容についてご相談させて頂く度に的確なコメントを頂き，ともすれば遅れがちな執筆に対してリマインドメールを絶妙なタイミングでお送り頂くなど大変お世話になりました．先生のこのライブラリに対する強烈な熱意を再確認し，気合を入れ直して筆を進めたことが思い出されます．また，本ライブラリの全執筆者での対面ミーティングがお茶の水女子大学で数回開催され，全体の意識合わせができたことも大変良かったと思います．読者が何を求めているかについて，これほどコンセンサスをとりながら執筆したライブラリも珍しいのではないかと思います．

　記述内容に関する検討として，初稿に対するお茶の水女子大学附属小学校の神戸佳子副校長，町田直樹教諭からの的確なコメントは大変有益なものでした．まさにリテラシ教育の現場からのご意見を頂けたと考えています．また，サイエンス社の田島伸彦氏・足立豊氏には，なかなか脱稿できない状況の中でも執筆全般について根気強くご対応頂きました．この場をお借りして，お世話になったすべての方々に御礼申し上げます．なお，関西学院大学総合政策学部メ

ディア情報学科での講義において，原稿の一部を講義科目の資料として利用し，学生からのコメントも反映させたことを付記します．また，原稿を丁寧にチェック頂いた福居則子氏に謝意を表します．最後に，執筆活動を支援してくれた家族（角谷昌美・真歩・拓人・和勇・育子，佐藤克朗・千枝子）に感謝します．

　2020 年 3 月吉日

角谷和俊

参考文献

1) Dietmar Jannach, Markus Zanker, Alexander Felfernig, and Gerhard Friedrich, Recommender Systems: An Introduction, Cambridge University Press, 2012.

2) Paul Resnick, Neophytos Iacovou, Mitesh Suchak, Peter Bergstrom, and John Riedl, GroupLens: an open architecture for collaborative filtering of netnews. In Proceedings of the 1994 ACM conference on Computer supported cooperative work (CSCW '94), pp. 175-186, 1994.

3) Michael Franklin and Stan Zdonik, Data in your face: push technology in perspective, In Proceedings of the 1998 ACM SIGMOD international conference on Management of data (SIGMOD '98), 1998.

4) S. Brin and L. Page, The Anatomy of a Large-Scale Hypertextual Web Search Engine, In proceedings of the Seventh International World-Wide Web Conference (WWW 1998), 1998. http://ilpubs.stanford.edu:8090/361/1/1998-8.pdf

5) Jon M. Kleinberg, Authoritative sources in a hyperlinked environment, In Proceedings of the ninth annual ACM-SIAM symposium on Discrete algorithms, pp. 668-677, 1998.

6) Lawrence Page, Sergey Brin, Rajeev Motwani, and Terry Winograd, The PageRank Citation Ranking: Bringing Order to the Web, Technical Report, Stanford InfoLab, 1999. http://ilpubs.stanford.edu:8090/422/1/1999-66.pdf

7) 角谷 和俊, 宮部 義幸, 放送型情報配信のためのモデルとシステム, 情報処理学会論文誌データベース (TOD), 40 (SIG08 (TOD4)), 141-157, 1999.

8) B. J. Fogg 著, 高良理, 安藤知華 訳, 実験心理学が教える人を動かすテクノロジ, 日経 BP 社, 2005.

9) Amy N. Langvilee, Carl D. Meyer 著, 岩野和夫, 黒川利明, 黒川洋 訳, PageRank の数理 –最強検索エンジンのランキング手法を求

めて–, 共立出版, 2009.

10) W. Bruce Croft, Donald Metzler, and Trevor Strohman, Search Engines: Information Retrieval in Practice, Addison-Wesley, 2010.

11) Marti Hearst 著, 角谷和俊, 田中克己 監訳, 情報検索のためのユーザインタフェース, 共立出版, 2011.

12) Christopher D. Manning, Prabhakar Raghavan, Hnrich Schutze 著, 岩野和夫, 黒川利明, 濱田誠司, 村上明子 訳, 情報検索の基礎, 共立出版, 2012.

13) Dietmar Jannach, Markus Zanker, Alexander Felfernig, and Gerhard Friedrich 著, 田中克己, 角谷和俊 監訳, 情報推薦システム入門：理論と実践, 共立出版, 2012.

14) 酒井哲也, 情報アクセス評価方法論：検索エンジンの進歩のために, コロナ社, 2015.

15) 前田亮, 西原陽子, 情報アクセス技術入門 –情報検索・多言語情報処理・テキストマイニング・情報可視化–, 森北出版, 2017.

16) 北研二, 津田和彦, 獅々堀正幹, 情報検索アルゴリズム, 2002.

17) 田中克己, 黒橋禎夫 編, 情報デザイン（京都大学デザインスクール・テキストシリーズ）, 共立出版, 2018.

18) 森本容介, 伊藤一成, 改訂版 Web のしくみと応用, 放送大学教育振興会, 2019.

19) 山名早人, 村田剛志, 検索エンジンの概要, 情報処理, vol.46, No.9, pp.981-987, 2005.

20) 安宅和人, 池宮伸次, Yahoo!ビッグデータレポートチーム, ビッグデータ探偵団, 講談社, 2019.

索　引

● あ行 ●

アンカー　38
イベント駆動型　79
インターネットアーカイブ　90
インターネット資料収集保存事業　90
インデックス　2, 17, 24
オーソリティ　44
オフライン評価　63
オンラインショッピングサイト　4
オンライン評価　63

● か行 ●

確率モデル　28
カットオフ値　61
キーワード　10
逆順位　54
逆文書頻度　34
キャッシュ　16
協調フィルタリング　5, 66, 68
クエリログ　84
クローラ　17, 23
形態素解析　24
言語モデル　28
検索演算子　17
検索エンジン　1
検索オプション　17
検索モデル　28
減損　58
減損累積利得　57

● さ行 ●

サーバ／クライアントモデル　79
サービス　77

● た行 ●

単語　10
単語頻度　33
単語頻度-逆文書頻度　35
調和平均　53
ディレクトリ型検索エンジン　9
データカルーセル　82
適合率　50
テレポーテーション　43

再現率　50
索引　17
索引語　25
システム　77
社会的フィルタリング　68
周期的配信　79
出版-購読モデル　76
順位付け　3
情報推薦　65
情報推薦システム　5, 65
情報の信用性　92
情報の信頼性　92
情報の専門性　92
情報配信サービス　6
情報配信システム　6
スクランブル放送　80
スニペット　16
スパム　37
正規化　59
正規化減損累積利得　56
ソーシャルネットワーキングサービス　1
ソーシャルメディア協調型 Web サービス　8

転置インデックス　25
動画配信　80
特徴ベクトル　30
特定多数　80

●　**な行**　●

内積　32
内容ベースフィルタリング　5, 65,
　67

●　**は行**　●

ハイパーリンク　38
ハブ　44
非周期的配信　79
「ビッグデータ探偵団」　95
表記ゆれ　25
ブーリアンモデル　28
ブール代数　28
プッシュ型情報配信　76
プッシュ型情報配信サービス　76
不特定多数　80
プル型情報配信　76
文書頻度　34
平均逆順位　55
ベクトル空間モデル　28, 29
偏差　71
放送型　80

●　**ま行**　●

マルチキャスト型　80

●　**や行**　●

ユーザプロファイル　67
ユニキャスト型配信　80

●　**ら行**　●

ランキング　3, 21

ランダムサーファーモデル　38
利得　58
類似度　30
累積利得　58
レコメンデーション　65
ロボット　17
ロボット型検索エンジン　9

●　**欧字／数字**　●

anchor　38
AND 検索　11
aperiodic　79
authority　44
A/B テスト　63
A/B testing　63
boolean algebra　28
boolean model　28
broadcst　80
B-CAS カード　81
CA　80
cache　16
collaborative filtering　66, 68
conditional access　80
content-based filtering　65, 67
crawler　17, 23
credibility　92
cumulative gain　58
cut-off　61
data carousel　82
DCG　57
DF　34
discount　58
discounted cumulative gain　57
document frequency　34
event driven　79
expertise　92
F 値　53

feature vector　30
filetype:　19
F-measure　53
gain　58
Google トレンド　84
Google trends　84
harmonic mean　53
HITS　38, 44
hub　44
hyperlink　38
hyper link induced topic search　44
iDF　34
index　17, 24
inner product　32
Internet archive　90
intext:　19
intitle:　19
inverse document frequency　34
inverted index　25
keyword in context　16
KWIC　16
language model　28
link:　18
mean reciprocal rank　55
morphological analysis　24
MRR　55
multicast　80
nDCG　56
normalization　59
normalized discounted cumulative gain　56
NOT 検索　13
offline evaluation　63
online evaluation　63
OR 検索　12

PageRank　38
periodeic　79
precision　50
probabilistic model　28
publish-subscribe model　76
query log　84
random surfer model　38
ranking　21
recall　50
reciprocal rank　54
recommendation　65
related:　18
retrieval model　28
robot　17
search engine　1
search operators　17
similarity　30
site:　18
snippet　16
SNS　1
social filtering　68
spam　37
teleportation　43
term frequency　33
TF　33
TF-iDF　35
trustworthness　92
unicast　80
user profile　67
vector space model　28, 29
WARP　90
Wayback Machine　90
Web　1
Web アーカイブ　90
Web archive　90
World Wide Web　1
1-to-N 型配信　80

著者略歴

角谷和俊
すみ や かず とし

関西学院大学 総合政策学部 メディア情報学科・教授,
社会情報学研究センター・センター長,博士（工学）

松下電器産業株式会社 情報システム研究所,神戸大
学 都市安全研究センター・助教授,京都大学 大学院
情報学研究科 社会情報学専攻・助教授,兵庫県立大
学 環境人間学部・教授を経て,2015 年より現職

Computer and Web Sciences Library=7
Web で知る
Web 情報検索入門

2020 年 4 月 25 日 ©　　　　　　初 版 発 行

著　者　角谷和俊　　　　発行者　森平敏孝
　　　　　　　　　　　　印刷者　小宮山恒敏

発行所　　**株式会社　サイエンス社**
〒151–0051　東京都渋谷区千駄ヶ谷1丁目3番25号
営 業　☎(03)5474–8500(代) 振替 00170–7–2387
編 集　☎(03)5474–8600(代)
FAX　☎(03)5474–8900

印刷・製本　小宮山印刷工業（株）
《検印省略》

ISBN 978–4–7819–1475–6

PRINTED IN JAPAN

サイエンス社のホームページのご案内
https://www.saiensu.co.jp
ご意見・ご要望は
rikei@saiensu.co.jp　まで.